原由美子のきもの上手

染と織

CCCメディアハウス

はじめに

「フィガロジャポン」誌の連載をまとめて、『原由美子のきもの暦』という一冊にした後も連載は続き、後半は「原由美子のきもの上手」とタイトルも改まりました。その連載と、二〇〇五年から二〇一九年までの折々に、「フィガロジャポン」誌に掲載したモデル着用のきものページから選んだ写真とを再構成したのが、この本です。きものを季節ごとに分類した『原由美子のきもの暦』とは異なり、今回はきものの素材の技法による分類ともいえる「染」と「織」を軸にして、全体をまとめていきました。

言うまでもなく、きものは日本の民族衣装です。基本的には老若男女が同じ型を着ます。だからこそ、四季により布を変え、仕立てを変え、色と文様にこだわります。少し前の時代までは日本の気候が比較的温暖で、はっきり春夏秋冬があったからこそのきものという衣装であり、こだわりであったのかもしれません。

素材としての布を染と織に分けて、きものへと結びつけるのは洋服世代にとっては、なじみのないことかもしれませんが、きもので育った世代には、ごく当たり前だったようです。どちらがよいとか悪いというのではなく、きものに親しむには、まず染と織という感覚を自分のものにしてしまうのが大切な気がするのです。染か織を選んだ後で、色や文様を考え、最後に帯を決める。まずデザインありきの洋服との違いではないでしょうか。日本人になじみ、似合うように進化してきたきものは誰もが同じ型を着るのですから、その素材選びは慎重にならざるを得ないのです。染にするか織にするか、しっかり想いをめぐらせたいものです。染と織の違いを知るための手助けができればよいのですが。

目次

季節を楽しむ洒落小紋 42

季節に着分ける単衣《ひとえ》の小紋 64

原由美子のきもの上手　染と織

染《そめ》のきもの

竹と笹の小紋
蘭唐草の塩瀬染名古屋帯

染のきもの

きものという言葉を漠然と聞いたとき、自然と頭に浮かぶのは染のきものです。

私がまだ子供だった頃には、白生地の反物が贈答品として使われていました。時代劇などで、白木の三宝に山型に積まれた白生地の反物が貢物として差し出される場面を見るたびに、贈答品としての歴史が思い出されるのでした。今では想像もつかないほどの貴重品だったはずです。

そのいただきものの白生地を初めて自分用の小紋に染めてもらったのは高校卒業の頃でした。近くの染物屋さんで、たくさんの見本帖を何度も繰り返し見てから、紅型小紋に決めたのです。

成人して、振袖と訪問着でも染のきものを経験した後に、もっと気軽に着られる染きものがほしくなりました。

　やわらかものとも言われる染のきものの魅力を、その頃の私がわかっていたかは疑問です。でも、なぜか好きで着たかったのです。元禄時代に、小袖と呼ばれる現代のきものの原型のようなものが生まれて以来、染きものの流れは今日まで続いています。

　洋服とはまったく異なる、きものならではの色と文様、帯との組み合わせ、季節による生地の選び方など、その魅力と美しさを見て、感じていただけたらと思っています。

格のある訪問着・付け下げ・色無地

礼装には黒留袖、色留袖、振袖があります。ここでとりあげたのは、色留袖の次にフォーマルな訪問着、その次に位置する付け下げ、加えて紋によってその格が異なる色無地の三種類の染のきものです。洋装の場合、パーティなどの招待状にドレスコード（服装の指定）があることが多く、それは時間が鍵です。夜ではないのにイブニングドレスは着ません。そこがきものとの違いで、留袖も訪問着も礼装ですが朝から着られます。今の時代は洋服にしろ、きものにしろ、そんなに堅苦しく考えなくてもよいといわれますが、そんな今だからこそ、きちんと基本を知り、自分らしい装いを見つけたいものです。

摺疋田《すりびった》と友禅染めの折り鶴の付け下げ
織袋帯

松竹梅の訪問着
彩《いろどり》七宝文の袋帯

艶やかな色彩に映える、大らかな松竹梅。

典型的な松竹梅が、淡い地色に効果的。竹は疋田《ひった》で表現され、大らかで優しい印象に。きものだからこそ着こなせる正式な場にふさわしいピンク地は、袖を通してみると納得の華やかさです。黒地の袋帯で全体をひきしめると堂々とした晴着姿の完成です。帯締め、帯揚げは淡い色めにまとめて、あくまでも品格を下げない心がけを大切にします。同じ袋帯でも白地に金銀の有職《ゆうそく》文様にすると、軽やかな印象になります。

いつもは小紋や紬のきものが多い歌舞伎座でも、お正月ともなれば訪問着が目につきます。思い切り華やかな地色に、おめでたい松竹梅の模様でも目立ち過ぎることはなく、むしろお正月らしくていいなと見る人の目を楽しませてくれます。

訪問着は、色留袖の次にフォーマルな準礼装用のきもので、胸、肩、袖、裾の模様が、つながるように配置された絵羽模様が特徴です。準礼装といっても、模様や色調によって格や雰囲気は異なるので、正式度の高い披露宴などで着るのか、それとも気軽に頻度高く、さまざまな集まりに着たいかを十分考えて選ぶのが大切です。

霞取りの付け下げ
貝合わせの袋帯

古典柄をさりげなく配し、品格のある着こなしに。

はんなりした色調で古典的な霞取りに四季の植物が品よく配された付け下げは、脇の部分で横にかけて柄がつながっています。色数が絞られているので着やすく、銀色地の貝合わせの帯を合わせて優雅で華やかな装いに。黒地の帯だと個性的な華やかさが生まれます。

付け下げは、きものを着たときに身頃も袖も、すべての柄が上向きになるように柄づけされています。普通の総柄の小紋より格がありますが、訪問着の華やかさとは異なり、モダンですっきりした印象なので、現代的な晴れ着に向いています。洋服の場合で考えると着こなしが難しそうです。ところが身体に纏《まと》ってみると、立体の洋服とは異なり、着る人に寄り添って引き立ててくれるのがきものです。付け下げ柄は特に効果的です。

稲垣稔次郎写しの付け下げ
唐花《からはな》の袋帯

劇場などで遠目に映える、リズミカルな柄を楽しむ。

淡い地色に明快な色調で表現された稲垣稔次郎写しの付け下げは、若々しい華やかさが持ち味。落ち着いた色調の袋帯でキリリとした雰囲気にすると、劇場空間などで遠目に映える装いになります。できれば道行コートを着て出かけたいもの。

催事を前にして、またはお正月からきものを着よう。そして格好よいきもの上手になろうと心秘かに決心する人も多いのではないでしょうか。本当にその日に着られるように、早々と準備を始めるのもありですが、まずは大雑把に心づもりして、じっくり考え、できるだけたくさん見て、自分らしいきものを楽しみながら選ぶことをおすすめします。そうして考え、選ぶ時間こそが、きものを着るために大切で、最も心浮き立つときであることを実感してほしいのです。

波頭《なみがしら》の付け下げ
〆切菱文の名古屋帯

はんなりとしたきものを、菱文の帯でひきしめて。

振袖や訪問着を着るほどではないけれど、小紋に名古屋帯では物足りない。もう少し華やかに特別感のある装いにしたい。そんなときにぴったりなのが、訪問着と小紋の中間に位置する付け下げではないでしょうか。

色によっては男っぽく粋にもなる波頭が、京都らしいはんなりした色と線で表現されているのが新鮮です。帯はきものの色使いに呼応する色調の幾何学的な菱文なので、すっきりした装いになります。帯揚げ、帯締めも同系色にして全体の印象をまとめることで、柄がさらに際立ちます。袋帯で着るときは、小物の色にも気を配って。

木の花包みの付け下げ
花菱、向い蝶の別織の錦地名古屋帯

帯次第で応用範囲が広がる、古典柄の付け下げ。

刺繍入りの花の枝をまとめているのは、絞りで表現された木の花包みという可憐な柄の付け下げです。染と刺繍で鮮やかな向い蝶を浮き上がらせた別織の錦地の帯が、格調のある若々しい華やかさを添え、帯締めのオレンジが効いています。

たとえばお花見や格式高い料亭での会など、スペシャルな集いの際に、ぜひ着てみたいきものです。付け下げは顔映りのよいきれいな色を選び、古典的なモチーフの模様を選べば帯選びも自由に楽しめます。淡い色同士なら品よく華やかに。黒地の帯なら、くっきり個性が際立ちます。吉祥《きっしょう》文様の袋帯を締めれば、結婚式にも自信を持って参列できるのも魅力です。

橘の地紋の色無地
橘尽くし紋袋帯

同じ橘文様でまとめて、洗練された大人の着方を。

これは共地の八掛も付いている色無地で、橘の地紋がしっとりとした立体感で表現されているので礼装用として最適なきものです。同じ橘文の格調高く華やかな袋帯でまとめると、正装度の高い集まりの中でも引き立つ魅力があります。帯の文様として意匠化されていても無機質ではなく、蜜柑を思わせるホッコリした曲線に温かみがあるので、無地のきものにしめても、冷たく近寄り難い格調ではなく、優しさのある格調高さになるのは、橘ならではの味わいです。

小学生の頃、お雛さまを飾るとき、母にたたきこまれた言葉があります。右近《うこん》の橘《たちばな》、左近《さこん》の桜。右大臣に橘、左大臣には桜を横に。五人官女の配置より簡単なので、すぐ覚えました。その頃の私は橘が何であるかは気にならなかったのですが……。そのずっと後に橘は常緑樹で不老長寿の薬として珍重されていたこと、だから単純な植物柄ではなく、生命力と長寿の象徴としての吉祥《きっしょう》文様だったことを知りました。振袖や留袖によく使われる理由もわかります。文様としての完成度が高く、昔から日本人に親しまれているので、家紋に多いのも納得です。

唐草文の色無地
織楽浅野の名古屋帯

モダンに纏いたい、唐草地紋の豊潤な色と織。

落ち着いた緑が大きな唐草の地紋で洋感覚の華やかさを醸し出しています。金と淡い色調の帯は古典柄ですが、モダンな雰囲気でパーティなどに向いています。黒地の染め帯なら粋な雰囲気になり、個展のオープニングなどに着ると洒落ています。

一色染めにした無地のきものが色無地です。生地は地紋のない一越縮緬《ひとこしちりめん》と、地紋がある綸子《りんず》や紋意匠の二種類が主なものです。紋をつければ準礼装になるので、堅苦しいイメージにとらえがちですが、現代は色無地を洋服感覚で積極的に楽しむ傾向もあるようです。その際には、紋はなし、あるいは洒落紋にします。そして帯選びの幅が広い色無地の利点を最大限に生かして、帯で遊び、装いを楽しみたいものです。

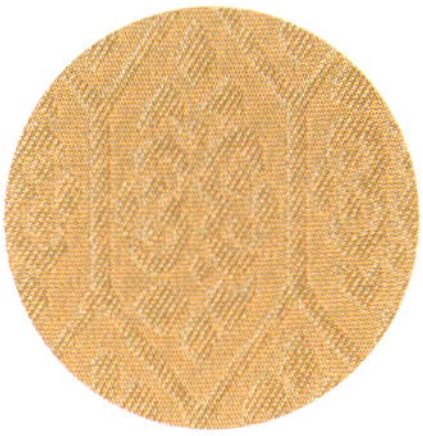

三煌《さんこう》の色無地
唐草模様の川島織物袋帯

地紋の華やかさが、色無地をいっそう引き立てる。

無地は柄ものよりも布地の質感が目立ち、着姿に影響するので、良質の素材を選びたいものです。これは最高の繭による国産の絹で織られた三煌という商品で、珍しい地紋が明るい色を引き立て、黒地の帯の唐草模様が落ち着きと品格を添えています。

今ではほとんど見られませんが、五つ紋をつければ格式ある礼服にもなった色無地ですから、紋付きゆえの格を上手に取り入れるのもきものならではの利点かもしれません。

とはいっても紋のない訪問着より格上になる三つ紋も少なくなり、一つ紋がいちばん着やすく、重宝するようです。お茶席や、ちょっとあらたまったお祝いの会でも威力を発揮します。地味な色で地紋を選べば準喪服になり、お通夜や法事にも着られます。

江戸小紋・華やかな小紋

きもの始めは小紋からと、よく言われます。それも江戸小紋なら、柄により格が高くなり、紋をつけて茶席にもと汎用性が強調されたりします。確かなのですが、ある程度着慣れてからこそ、この粋にもなる単色型染め小紋のよさがわかり自在に着こなせるのではないでしょうか。楽しみながらきもの上手を目指すなら、まずパッと見て柄が好きになり、似合うと思える華やかな小紋を探し出し、それをきもの始めにしてください。これぞという帯を見つけたら、その組み合わせで着続けます。小紋でもハレ気分は十分に発揮され、集いでも自信を持てるはず。きものを着て褒められて心が少し浮き立つ気分こそ、きもの上手になる第一歩なのです。

鮫地に雪輪の江戸小紋
松竹梅の江戸友禅名古屋帯

市松の江戸小紋
「アリスの庭」袋帯

伝統的な江戸小紋だからこそのモダンな着こなし。

江戸小紋というのは、江戸時代の武家の裃《かみしも》柄から始まり、庶民の小袖や羽織にも広がった単色で型染めの小紋です。その裃柄のなかでも、特に細かく精緻な〝鮫《さめ》〟〝角通《かくとお》し〟〝行儀《ぎょうぎ》〟は江戸小紋三役と呼ばれ、特に格が高い文様とされ、一つ紋をつけて袋帯をしめれば準礼装にもなります。

無地に通じるというわけで、きもの生活を始めると、一枚は持ちたい代表格になるのが江戸小紋です。三役をはじめとする格調高い柄を選ぶのもいいのですが、色によっては渋好みになり過ぎたり、着てみたい色とはしっくりこない場合も多々あります。かといって、着まわしを考え過ぎて無難な柄や色を選ぶのも考えものです。自分が本当に好きで着たい柄と色が調和したものをじっくり見極めたいものです。

伝統柄だけど、ほどよい大きさでブルーの市松柄はモダンです。ウィリアム・モリスの作品からとった「アリスの庭」と名づけられた袋帯はたんぽぽを思わせる柄が可憐で、江戸小紋に清楚な華やぎを添えて、引き立てます。ピンクの帯締めを効かせれば、お花見のときに着たくなります。どんなドレスにも負けない格好よいお洒落着の風情が生まれます。

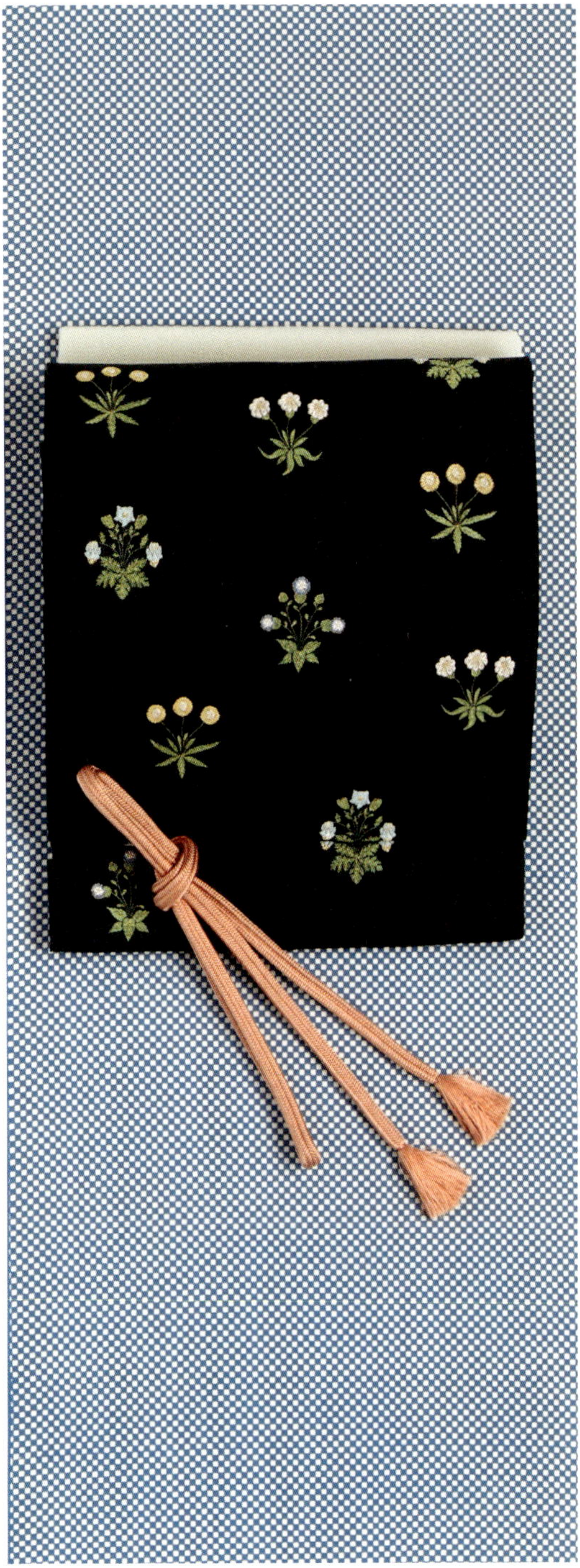

市松模様の付け下げ
花々の染名古屋帯

市松模様も淡い色調ならはんなりと。

全体柄に見えますが、着たときに脇や背中心でも市松柄が美しく配置されるように染められている付け下げ小紋なのです。さりげない中に細やかな配慮があり、きものならではのゆかしい着姿になります。晴れの場にぜひ着たい、現代的な格調高さです。

江戸時代に役者の名をとって市松模様と名づけられた頃は、紫と白や赤白のような鮮やかな配色が多かったようです。これはやわらかな濃淡で染められ、はんなりとしているところが魅力です。濃い紫地に古典的な柄の染め帯で集いにふさわしい品格も。グラフィカルな帯にしてみると小粋で、軽快に。

花盛貝の小紋
宝尽しの塩瀬名古屋帯

清楚な水色、色柄の華やかさを堂々と。

きものを着ること自体がハレという今の時代です。きものを着たいけれど、洋服姿の中で目立ち過ぎないようにと、地味めな無地のきものを選ぶ若い方も多いようです。でもハレだからこそ、またきものだからこそ、こんな華やかさをぜひ、纏ってみてほしいのです。

志ま亀ブルーといわれる独特の水色に花を盛った貝の柄の小紋は華やかで清楚なのが魅力です。たおやかな女らしさが際立ちます。若い人なら吉祥《きっしょう》文様の袋帯で気軽な結婚式にも。反対に濃い地色にワンポイントの染め帯ですっきり着ると個性的なお呼ばれ着になり、羽織を着れば、また別の雰囲気になります。

宝尽しの小紋
洛風林の市松織名古屋帯

御所車に葵と牡丹の小紋
黄朽葉色の袋帯

黒地の京小紋にやわらかな色の帯の組み合わせ。

洋服の黒は躊躇せずに着るのに、黒地のきものというと、尻ごみする人も多いようです。でも、気になる柄があったらぜひ、試してみてください。地色の黒の分量が多く、多色でバランスよく古典柄が配された小紋は、着る人をくっきり印象づける力があります。

右のほどよい大きさの宝尽くし文様が若々しく可憐な小紋には、藤色地に金銀の市松の名古屋帯で、少しカジュアルダウンした晴れ着感覚が楽しめます。

左は御所車に葵と牡丹という京都らしい典雅な柄行きが黒地に映えて、華やかな席でも印象的に装える一枚。落ち着いてやわらかな色調の袋帯が堅過ぎない格調を添え、帯揚げ、帯締めも品よく同系で優しくまとめます。

狂言丸文の小紋
市松格子の名古屋帯

大小橘柄の京友禅小紋
レース花文様の名古屋帯

古典柄こそ、華やかな小紋の楽しみ。

右の鎌倉文様とも呼ばれる狂言丸文の小紋は、黒地にくっきりと明快な柄が浮かびあがる個性的な一枚。歌舞伎や能の衣裳によく使われる柄ですが、袖を通してみると身になじみ、大きな水玉のような親近感も。軽い帯を文庫に結べば少女っぽさの残る晴れ着として。

左は吉祥《きっしょう》文様の橘が大小に色数をおさえて絶妙に配置されている小紋なので、洋感覚の花文様の名古屋帯で、カジュアルダウンした着こなしに。古典柄の袋帯でひきしめて着れば、訪問着に近い格上の着こなしになるのが橘ならでは。古典柄でお気に入りの柄の小紋を見つけて、きもののハレ気分を気軽に楽しむ最初の一歩にするのもいいかもしれません。

文様化された菊の京友禅小紋
西陣のアンティーク袋帯

古典とモダンの要素を取り入れ、華やかなドレス感覚で着こなす。

古典柄といっても、このように大輪の菊を横から見た様《さま》が巧みに文様化された京友禅小紋です。江戸小紋のような単色で精緻な文様とは対極にありますが、どちらも昔の職人たちの技とデザイン力には脱帽するしかありません。そして、こんな大胆で華やかなきものに、いったい帯は何をしめたらと悩むのも、きものならではの楽しみなのです。必ず解決策が見つかるのも、伝統あるきものならではです。

最近は決まりごとなど気にせずに、好きなように組み合わせていいとよく言われます。でも、子供時代に聞いた母の言葉、「染のきものに織の帯」「織のきものに染の帯」という言葉は、耳の奥に残っています。そして困ったときには、自然に頭に浮かびます。別に規則ではないのですが、そうすることで強い柄のきものを、きちんとおさえ込んでまとめる帯が見つかるのです。伝統柄でありながら、鮮やかな色調でモダンに見えるこのきものには、格調高い袋帯では重くなり過ぎて、しっくりきません。そこで出合ったのが、鈍く光るブロンズ色の紬地に水玉柄が織り出された、アンティークの洒落袋帯でした。帯揚げは、あえて古典的な白地に赤の絞り。帯締めは帯の色調に合わせた縞にして、落ち着かせる。このきものの魅力が最大限に生かされる組み合わせになったのではないでしょうか。

松・笹・梅の小紋
花菱文様のモール名古屋帯

結び文《ぶみ》の小紋
塩瀬の名古屋帯

気軽に着たいはんなり小紋の組み合わせ。

右は、昭和の始め頃までは、良家の子女が娘時代に一度は袖を通したことがあるイメージの優しい小紋です。お母さんが若いときにしめていた黒地に手鞠柄の名古屋帯を文庫にしめてもらって。でも今なら、やっぱりおめかししたくて、モール色を織り込んだ名古屋帯をきっちりしめます。リズミカルな花菱模様が現代的なハレ気分を演出してくれます。

左は、渋い色合いなら粋な感じになる結び文文様ですが、艶やかなサーモンピンク地です。加えて結び文の中には彩りよく花や文様が描かれているので、可憐な遊び心があります。組み合わせたのは、京都らしい紫に、北政所好みという図案化された花柄が個性的な染め帯です。軽くまとめて、少しドレスダウンして小紋を楽しむのもよいものです。

ふくら雀と竹文様の文久小紋
吉祥《きっしょう》文様の袋帯

江戸の職人たちの技術の粋を知る文久小紋。

このふくら雀と竹の模様のまわりにたたきと呼ばれる細かなつぶつぶが散っている小紋には深い思い入れがあります。「フィガロジャポン」本誌できものの連載ページが始まるよりかなり前に、モデル着用のきものページが企画されました。そのときに特別に染めていただいた一枚です。以前からご縁があってご協力いただいていた竺仙さんにうかがい、反物や色見本を見せていただきながら、撮影用のきものについてご相談していた折のこと。「こんなものもありますよ」と見せていただいたものが文久小紋だったのです。

江戸小紋なのですが、江戸時代の終わり、文久年間に出てきたということで、竺仙さんでは文久小紋と呼ばれています。一般的な江戸小紋のように一枚の型紙で染めるのではなく、主型と消し型といわれる二枚の型紙で二回に分けて糊をつけて染められます。そのため一般的な江戸小紋には見られない飛び柄などが表現された複雑な文様は、古典柄の小紋に精緻な華やぎを加えていて、目が離せなくなりました。

地味な色で染められることが多いのですが、きれいな赤で染めたらと夢がふくらみました。思い切って、少し黄味をおびた生成と赤の組み合わせで染めていただくことにしたのです。結果は、優しい雰囲気で、華やいだ小紋に染めあがりました。遊び心があるのですが、柄に奥行きがあるせいか、重めの帯との相性がよく、格調をもって着られるのが発見でした。

季節を楽しむ洒落小紋

江戸小紋や京友禅小紋の他にも、まだまだ多彩な小紋がたくさんあります。前ページでも触れた文久小紋もそのひとつですが、こちらは洒落小紋のうちではあらたまった雰囲気が漂います。紅型小紋や絞り染めのものなども、その部類に入るかもしれません。一方で、さし色が効いた細かな幾何学柄や、シャープな線のモダンな単色小紋などは季節の文様を表現した染め帯で、きものならではの季節の楽しみを味わうのに適しています。代表的なのはお花見用の桜の帯ですが、その他にもお雛さまや月にうさぎなども。現代的なクリスマスモチーフなども豊富です。

雪輪に竹の文久小紋
唐花丸文の錦名古屋帯

七宝柄の小紋
梅、桜、四君子《しくんし》柄の染名古屋帯

古典柄の有職文様や吉祥文様を軽やかに取り入れる。

小紋と一口にいっても、いろいろあります。代表的なのは、先にもあげた江戸小紋や、京友禅小紋です。このページの二色使いの軽やかなきものも小紋です。江戸小紋のように単色ではありませんが、柄は七宝で、有職《ゆうそく》文様なので、帯により格も上がります。

有職文様というのは、平安時代から朝廷や武家の装飾品に使われていた文様で、亀甲や唐草、立涌《たてわく》などがあり、七宝も代表的な柄のひとつです。加えて、きものや帯の説明によく出てくる吉祥《きっしょう》文様もありますが、こちらは、おめでたいよい兆しの意味を持つ文様で、松竹梅や鶴亀、宝尽くしなどがおなじみの柄といえます。

実は、ここでしめている黒地の染め帯の場合、前帯は梅か桜を選べます。お太鼓柄は吉祥文様の四君子なので、ほどよく格式もあります。有職文様の袋帯で、盛装らしく着るのではなく、染め帯で軽めのきちんと感を出したところが、現代的なセンスといえます。

春になったら、帯の前柄を、もう一方の桜にすれば、さらに軽やかな雰囲気です。帯揚げか帯締めで淡いピンクを配すれば、完璧なお花見スタイルになります。これこそきものならではの楽しみですし、きものや帯が古典柄だと、カジュアルに着ても品よくまとまります。

斜め縞の小紋
桜の塩瀬名古屋帯

一期一会の桜に思いを寄せて、きものを纏う。

真っ黒な塩瀬地に金が効いた桜の文様はドラマティックな美しさに満ちています。この薄紫のきものに締めると、桜の柄が引き立ち、しっとり女らしくなります。年齢を重ねたら葉の緑系の小紋にして少し落ち着いた装いに。薄いグレーやベージュのきものなら渋さが際立つお花見スタイルに仕上がるはずです。

世界にはたくさんの民族衣装がありますが、きもののように現実的に季節行事と寄り添うものは見当たらないのではないでしょうか。お気に入りの桜の帯が一本あれば、きものを変えていくことで長く楽しめます。桜の季節に大切に長くしめ続けて、きものでお花見を存分に謳歌したいものです。

桜の小紋
蝶の織名古屋帯

花と蝶の組み合わせで、春爛漫の装いを堪能して。

きものなら、こんな華やかな文様でも、白半衿をしっかり見せることで着こなせてしまうのが不思議です。「花と蝶」の言葉どおり、若草色の帯がさらに春爛漫の雰囲気をつくります。無地感覚の帯や、黒と銀だけの帯を選べばすっきりと。タイミングよく楽しんでから後輩に譲ったり、羽織に仕立て直すことができるのもまたきものの魅力です。

満開の桜と競うのではなく、花の美しさに同調して自分らしく桜を纏《まと》えば、気分が上がるはず。潔く散ってしまうその年の桜との一期一会の貴重な時間が、深く心に刻まれます。帯で楽しむか、きものにするかの選択は自由。自分の気持ちに寄り添う桜のきものに出合えたら、ぜひ着てください。その出合いも一度きり。またとない時間のためのチャンスです。

松柄の小紋
月とうさぎの織名古屋帯

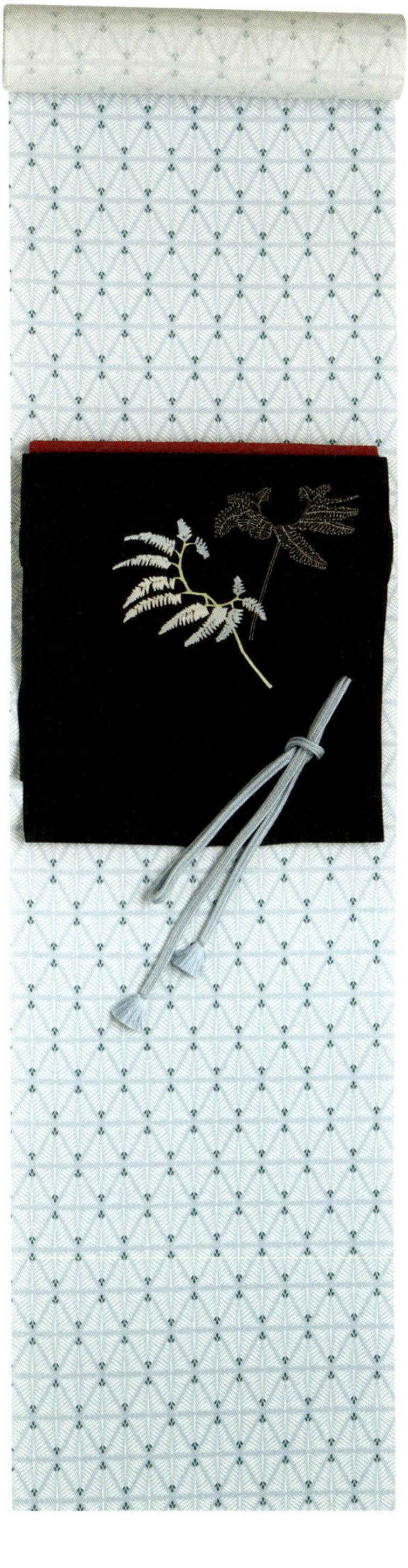

若松菱の京染小紋
加賀友禅の塩瀬名古屋帯

無地場の多い帯は、ひきしめ上手。

大きな松の線画がチャコールグレー地に赤で描かれた右の小紋は、どこか懐かしい印象があります。柄がこれくらい大きいと、帯の選び方は難しくなりますが、チャコールグレーと赤に品よく調和する地味なグリーン系の帯が見つかったのは幸運でした。無地場が多いので、きものの柄をきちんとおさえて、遊び心のある月とうさぎの柄がほどよいアクセントになっています。秋のお月見だけではなく、ちょっとした外出に楽しく着られそうです。

左のさし色の緑がきいた若松菱の京染小紋は、単色の江戸小紋とは異なり、シャープな中にも華やぎが感じられます。加賀友禅には珍しい孔雀羊歯《くじゃくしだ》がすっきり描かれた染め帯は由水煌人《ゆうすいあきと》作。無地場の多い黒の染め帯は、さりげなくきものをひきしめてくれます。

絞りで飛び柄の小紋
雪の結晶の染名古屋帯

モダンな柄の帯と小物で、冬の季節感を盛り上げて。

クリスマス気分をきもので、というのも、日本人ならではの楽しみでしょう。西洋的なムードをいかにセンスよく装いに取り入れるかが大切です。他の季節と同じように、染め帯で表現するのがわかりやすく、取り入れやすい方法といえます。

白地に雪の結晶の帯はモダンにデザインされていて、一種の抽象柄にも見えるので、クリスマス限定ではなく、他の時期にもしめられるところが魅力です。ただし、白いビロード地の艶はクリスマスらしさに通じます。紫地の古典的な小紋ですが、クリスマスカラーの赤とグリーンの小物を効かせるだけで、一段とらしさがアップします。一年に一度、こんなふうにして、きものの組み合わせに頭を使うのもいいものです。

横段ぼかしの小紋
クリスマスツリーに靴下の染め帯

遊び心にあふれた帯は、クリスマス限定。

黒地にクリスマスツリーと靴下が印象的な帯には、淡い色のぼかしが優しい小紋を合わせてクリスマスパーティ向きの優雅な装いに。赤い房が印象的な帯締めがアクセントです。パステル調の淡いグリーンもいいかもしれません。

季節感を表わす染め帯というと、春に桜、夏は螢や花火、秋は紅葉や柿、冬は雪持笹でしょうか。あえて十二月のクリスマス限定で、こういう帯も、たまには新鮮です。しめ始めるのはクリスマスの一カ月前くらいから。翌日からはしめないという贅沢な一本になりますが、そこが魅力なのです。クリスマスずばりの模様を着るものに取り入れられるのは、きものの特権ですし、外国人も集うパーティでは会話のきっかけをつくってくれる優れものです。

板場友禅染小紋
塩瀬の染名古屋帯

きものと帯の色と柄がバランスよく同調して。

深い緑色地に摺疋田《すりびった》で表現した破れ七宝と、ごく細かな宝尽くし文様という、控えめな格とめでたさのある小粋な小紋です。柄のきものに柄の帯という、きものならではの組み合わせになじめなかったり、すっきり見えないからと遠ざけている方に、おすすめの組み合わせです。地色の部分が多く、大小メリハリの効いた柄がほどよく配されているので、明るい色の帯が、無理なく装いをまとめます。多色で刺繍を効かせた鮮やかな桐の文様なので、格調もにじませます。きものと帯の、色調と文様が、同調して融合しているということでしょうか。加えて帯揚げと帯締めの小量のさし色の効果も見逃せません。

ろうけつ染めの小紋
誉《ごん》田《だ》屋《や》源《げん》兵衛《べい》　葡萄紋の袋帯

モダンな葡萄唐草の帯を、軽い小紋で洒落のめす。

　葡萄柄の袋帯は黒地に鈍い光沢で表現された文様が見事で、合わせるきものがたくさん思い浮かぶ印象的な一本です。たとえば渋い色の江戸小紋にしめれば、軽い外出着に。モダンな柄の付け下げを落ち着いた雰囲気にもっていく力もありそうです。金色、銀色が控えめなので、以前はしめなかった紬にも。派手めな色で艶のある無地の紬にしめて、パーティの装いに仕上げるのです。でも、この帯をろうけつ染めの趣味性の高い小紋に合わせてドレスダウンする。これこそ贅沢で、この帯を楽しむ、いちばん格好よい方法かもしれません。こんなふうに次々と合わせるきものが思い浮かぶ帯には、なかなか出合えません。出合えたら長く慈しむ一本にして大切にしたいものです。

藍型小紋
紫野間道の博多帯

浦野理一　椿の小紋
浦野理一　紬の格子織名古屋帯

小津映画に登場する、昭和の日常着に憧れて。

右は、現代のきものですが、昭和の中頃の型紙で染めた藍型小紋です。粋な縞の博多帯を角出し風に結ぶと、洋服でいうカジュアルな外出着になり、銀座の街に自然となじみます。染と織のこんな組み合わせは、きものが日常着だった時代を思い出させてくれます。

左は、小津安二郎監督の映画衣裳に使われたことで今もファンが多い、鎌倉在住だった染織工芸家・浦野理一のきものと帯です。訪問着から紬まで多様なきものを作られていましたが、共通しているのは伝統的な素材や色を使いながら、モダンで現代的な味わいがあることです。この少しデフォルメされた椿の柄と色、ザックリした紬の格子帯も、いかにも浦野らしい。モノクロで考えて、小津映画のヒロインに思いを馳せたくなります。

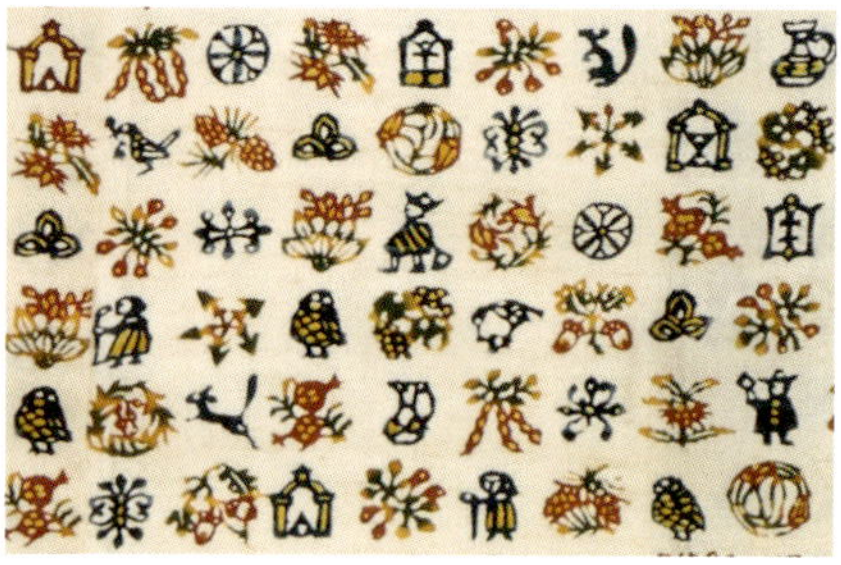

小島悳次郎作、ユニークなきもの。

子供や動物や家、野菜に果物に可愛い文様など独特なタッチのモチーフが目に飛び込んでくる紬地の小紋です。

これはシルクラブ・中野山田屋の女主人西村はなこさんのきもの。つくられた当初は赤だった裾まわしを今は深い緑に変えて、長く愛用されているということでした。そのわけは、これが縮緬とは一味違う紬地なので、その独特の風合いと柄の個性との相性がよく、長く慈しんで着たい愛着のあるきものになっているということでしょう。帯は遊び心のあるものということで、ここで選ばれたのはサリー地で仕立てた赤系の帯で、鮮やかな色合いの帯締めを添えて、ほどよい華やぎが生まれています。

きもの屋さんで、雑誌のページのためのきものを見せていただくのが私の仕事ですが、こんな素敵な出合いもあります。原則としては、雑誌を見て読者が購入できる商品を選ぶのですが、こんなにユニークで珍しいのに、可憐で魅力的なきものは、ぜひ、読者にも見てほしいとページにしたものです。お父様が娘のために、きもの屋さんならではの贅を尽くして誂えられたきものと察すると、貴重な品を見られた幸運を感謝する気持ちになりました。

型絵染め作家 小島悳次郎の小紋
サリー地の名古屋帯

二枚目からの長襦袢は、遊びと個性を盛り込んで。

きもの生活を始めても長襦袢選びは後まわしにされがちのようですが、それでは十分ではありません。そこは洋服と同じで、下着に凝る人ほどおしゃれ上手なのです。

淡い色のぼかしの長襦袢が一枚あれば、そこそこ何にでも着られてこと足りるのは確かです。でも好きなきものの組み合わせに長襦袢も加わって、きもの、帯とともに三拍子揃ったお気に入りだったら、それこそ最強の一組になります。きものを着る楽しみや高揚感が一味違い、さらに深いものになるはずです。

ある催しで、優しい金茶色に紅葉の柄の付け下げを着た方にお会いしたことがあります。話しているとき、きものの袖口からチラとのぞく長襦袢が気になって、失礼を承知で見せていただきました。それは、きものより深い金茶色にきれいな彩りの小さな十二支が飛んでいる柄でした。竜田川のイメージの帯が加わり静かな雰囲気のきもの姿でしたが、袖口と振《ふり》（袖付けの下のことで身頃と離れている部分）から見える少しの量の長襦袢の色でひきしまり、深みのある美しさになっていたと思います。加えて、目立たないところへの気配りとセンスが着慣れた人らしく、余裕があって素敵だなと感じました。

無難な一枚目をすでに持っているのであれば、少し個性的なものを探して、いつもと異なる着こなしに挑戦してみてはどうでしょうか。訪問着や付け下げに合わせるより、少しカジュアルな小紋や紬のきもの向きかもしれません。ただし、うろこ柄や絞りのものは、色や柄が合えば、格のあるきものをさらに華やかに彩ってくれる長襦袢になります。新年を、長襦袢のおしゃれで始めるのもいいかもしれません。

絞りで飛び柄を散らした小紋
絞りと金彩の名古屋帯

脱皮を繰り返す蛇のうろこから、再生、厄落としの力を持つと言われているうろこ柄。地味なきものに効果的に華を添えてくれます。

絞りの絵羽襦袢は市松柄の地紋と光沢が特徴。仕立て上がりを計算して袖口と振にバランスよく柄が見えるように染められた一枚。

淡いきれいな色の紬の下や、地味な色の縞の小紋の下に着たら……などと想像するのが楽しい、黒地にうさぎ柄の長襦袢。

気取らずに楽しんで着たいときには赤地に折り鶴柄。紬や小紋を着る気分が引き立ち、赤がのぞくのが、嬉しい一枚。

小紋のきものにも見えるようなこっくりした色の更紗柄の長襦袢は、右の小紋を渋くカジュアルに見せる。帯も黒や茶系にして。

木目文様に菊の付け下げ小紋
格子の名古屋帯

アンティークきものならではの楽しみ。

アンティークきものを見る楽しみのひとつは、現代のきものには見られなくなってしまった貴重な技術を駆使したものや、珍しくて美しい、不思議な模様のきものに出合えるからではないでしょうか。きものが日常着として、あらゆる階層、あらゆる年齢の人たちに着られていたことを思えば、ごく当たり前のことなのですが。

これは、昭和初期のものと思われるきものです。木目模様が下地にあり、上の菊はさまざまに図案化され、現代的に彩色されています。明らかに古典柄ではなく、大正モダンの流れを感じさせる柄行です。しかも菊が、色、柄、ともにバランスよく配置されていて普通の小紋ではありません。今では、あまり見かけなくなった総柄の付け下げ小紋なのです。大袈裟ではないけれど、贅沢に凝ったきものです。

帯は格子や縞など、きものを邪魔しないあっさりしたものにすると現代的です。白ではなく生成のシンプルな半衿もいいですが、少しだけアンティークきものを意識して、くど過ぎない刺繡入りの白っぽい半衿をすると、気分が出るかもしれません。友人同士の集まりやお芝居見物が心浮き立つものに。

裾に個性的な模様を配した「散歩着」はアンティーク。

ちょっと珍しい「散歩着」と呼ばれているきもののお話です。振袖や訪問着、小紋のように現在のきものの分類の中にはありません。でもアンティーク好きの方の中にはすでに持っていたり、自分好みの一枚を探している人もいるかもしれません。

「散歩着」の起源は幕末に流行した江戸小紋の裾模様にあり、今見つかるのは大正から昭和の初めに良家の子女たちが気軽な外出用に着たきもののとのことです。

特徴はあまり細か過ぎない小紋の裾だけに、特別に誂え、趣向を凝らした染や刺繍で模様を配していることです。訪問着のように肩や袖には模様がないので、帯から上だけの姿を見たら、ごく普通の小紋に見えるところがポイントなのでしょう。カフェでお喋りをしているときは地味めの小紋。でも外に出て庭園を散策している姿を遠くから見ると、裾には目を引き付ける印象的な模様があるというわけです。

この時代には、良家の子女たちは、ちょっとした外出とはいえ、紬を着ることはなく、染めの小紋のきものでした。みんながきものを着ている時代には、無地はむしろ特別で柄物が日常着でした。あでやかな小紋を着尽くしてしまった人たちが自分らしさを個性的に表現しようと考えた結果、「散歩着」が生まれたのかもしれません。

裾の模様は大正のモダンな雰囲気を感じさせるものが多いようです。小紋柄の上に載せるのではっきりしたモチーフが多く、さらに部分的に刺繍で強調したりしています。アンティークでしか見つからないものですが、こんなきものを楽しみながら誂えて着ていた人たちの時代に思いを馳せるのもいいものです。

一見大人しく地味な小紋ですが、裾には大胆な構図でモダンな趣の花柄が配された「散歩着」。デコラティブなモチーフが呼応する墨黒地の帯で強さを合わせて。帯揚げ、帯締めは明るくくっきりとした色、生成地の刺繍入り半衿できものの時代に合わせた着こなしに（右頁はお太鼓の柄）。

濃紺に細い縞と植物が縦に流れている小紋は粋な雰囲気もありますが、部分的に刺繍も加えて表現されたピンクとブルーの桜草で一気に華やかに。昔であれば刺繍入りの華やかな帯を組ませたかもしれませんが、格子の帯ですっきり着ると、現代的な「散歩着」に。

季節に着分ける単衣《ひとえ》の小紋

昔からの規則に従うなら、単衣のきものを着るのは六月と九月の二カ月でした。贅沢に思えたり、着ないうちに過ぎてしまいそうで、初めて単衣を作るとき、ためらった記憶があります。でも今なら単衣もぜひおすすめしたいのです。ここ最近の暑さが定着したこともあり、暑ければ五月から単衣を着るのが一般化しつつあります。暑がりの人は四月からも着るようです。夏の後の十月も単衣で。お茶席や伝統を重んじる世界では許されませんが。五月と十月はちょっとした催事も多く、帯付き（羽織などを着ずに、きものに帯だけの姿）のきもの姿が決まる季節でもあります。季節に合わせた帯選びを丁寧にして、長くなった単衣の季節を楽しみたいものです。

更紗の越後型小紋
楓柄の手描きの染名古屋帯

リバーシブルの色無地
金糸で波柄を表した袋帯

初夏の正装にふさわしい、格調高い地紋。

細かな地紋と山吹色とピンクという絶妙な配色の二色がリバーシブルになった単衣の色無地用の反物は貴重なものです。金糸の夏袋帯で、正式度の高い装いになります。余裕があれば、夏の正装として持っていると、いざというときに重宝します。こんな色無地の素材があることも知っておきたいもの。

正装といっても、ドレスの気取り具合を決めるのは簡単ではありません。そんなときこそ単衣のきものが威力を発揮します。きもの姿で現れるだけでも特別感がありますから。招く側にとっても、招待客のいつもの洋装と異なる装いは心に響き、集まり全体の雰囲気を盛り上げる効果もあります。

芙蓉の花の小紋
流水の絽名古屋帯

軽やかな単衣だから、柄と色調のバランスに気をつけて。

単衣のきものといっても、袷用の反物の色や柄と素材がふさわしいと判断できれば、それを単衣のきものに仕立てて、初夏から着ることができます。

これは汗にも強いようにシボを浅く改良した楊柳《ようりゅう》なので、安心して着られる単衣きものといえるかもしれません。柄は図案化された芙蓉なので、夏前には季節の花を意識して、グリーンの鮮やかな帯もいいかもしれません。ここでは絽の涼しげな流水の帯です。そして芙蓉の花の開花は七月から十月ですが、季節の先取りにはならないので、九月になったら花模様と割り切って、渋めのモカ茶やモスグリーンの透け感のない帯にすると、秋を迎える単衣の装いになります。

疋田《ひった》丸文《まるもん》の紬小紋
縞に幾何学柄の生紬《なまつむぎ》名古屋帯

疋田丸文もこの色づかいならモダンに。

このきものと同じような疋田の丸文も、赤や紫の縮緬なら、祇園の町角でよく見かける舞妓さんたちの、京都らしいはんなりした普段着がすぐ思い浮かびます。そんな古典的な柄も、明るいベージュの紬で、軽やかな赤とクリームの丸文になると、どこかモダンで、構えずにドレス感覚で着られそうです。

組み合わせた帯は生紬で、縞の上に古典的な文様がセンスよく配置されていて、きものと息の合った得難い組み合わせになっています。白に近い色の帯揚げと帯締めを合わせれば、夏を迎える前のさわやかな印象がさらに強まります。

幾何学文様の小紋
バラ刺繍の夏名古屋帯

シンプルな小紋に映える、洋感覚の帯。

単衣は着る期間が短いし、決まりごとも難しそうだから近づかないという人に、こんなきものならどうですかと、ぜひ、イメージしてほしい一枚です。単色の江戸小紋とは異なる、小さなブルーの点が効いた幾何学的な柄の小紋です。ブルーが少量あることで、洋風にシンプルに着る楽しみも、取り入れたくなります。たとえば微妙なグラデーションと立体感が際立つバラ刺繍の帯の洋感覚とも、すんなりなじみます。帯揚げできものと同じブルーを加えれば、全体の淡い印象がしまります。

同じ夏前でも、夏の花や雪輪の絽の帯ならクラシックに。九月になれば紬地の更紗の渋い染め帯や格子の織名古屋などで、季節感の表現は自在です。

葵の葉模様の小紋
優しい色合いの織名古屋帯

はんなりした風情を生かし、やわらかい色調でコーディネート。

単衣のきものというと、つい白っぽいものを考えがちです。夏の前と後とを、帯によって季節感を出すわけですが、それはちょっと自信がないという人も。

そんなときにおすすめなのが、淡いというより、このくらい主張のあるブルー地など、中間色のきものです。絞りで表現された葵は植物ですが、文様化されているので季節を感じさせず、はんなりした印象が強いのが魅力です。こんな淡い色調の帯なら、夏に向かう季節に気楽に着られる上に華やかさも加わり、ちょっとした集まりでも引き立ちます。

秋に向かう時期には、黒地の帯をぜひ、試してみてください。ブルーとのコントラストが強過ぎると感じるかもしれません。でも黒地に文様があるわけですから、それなりに印象が和らぎ、この無地場の多い小紋をさりげなくひきしめてくれるのです。夏の疲れを感じさせずに、秋口にふさわしい、こっくりとした単衣の着こなしが生まれます。黒地の帯の実力をしっかり受け止めることができるでしょう。

実は、この小紋は袷に仕立てても、魅力的な一枚になりそうです。単衣で十分楽しんでから、または袷で着慣れて、その後に単衣。もし自分好みの、お気に入りの反物を見つけたら、そんなふうに長く着ることを思い描きながら悩むのも、またいいものです。

横段の染め小紋
撫子柄の染名古屋帯

板締め絞りの小紋
ほおずきの絽塩瀬名古屋帯

モダンな印象の小紋に、季節を先取りした染め帯を。

右は横段の反物を交互に仕立てることで、前身は市松のようにも見える華やいだ印象の小紋です。撫子柄の帯の地色の藤色が、さらに艶やかさを強調し、集いの場で着たくなります。洋装の女らしさとは一味違う風情が余韻を残しそうな装いです。

左は板締め絞りで表現された幾何学風の柄が、きものに仕立てるときれいにつながりダイナミックでモダンな雰囲気になる小紋です。ほおずき柄の染め帯で季節を先取りし、少し粋に。季節のモチーフの染め帯こそきものならではの楽しみであり、ちょっとした集いでも主催者に対して招かれた喜びを伝えられるので、きものを着る自信に通じます。

よろけ格子の紬地の染め小紋
夕顔の刺繍入り名古屋帯

洒脱に着たいよろけ格子の染のきもの。

一枚目の単衣きものということで、淡い色で無地感覚の着まわしの利く紬をすでに持っている方も多いかもしれません。そこで少し上級者向けに、単衣の季節をスタイリッシュに乗り切れるきものとして選んだのが、この組み合わせです。

格子のきものというとすぐ浮かぶのは、織でザックリ感のある紬です。カジュアルに気取らずに着たい雰囲気になります。これは縞模様にも通じるのですが、同じ模様なのに染にするとガラリと印象が変わります。格子もよろけ格子となると、さらに独特な味わいが生まれ、粋な感じが強調されます。染と織の違いを見極めるよい機会になるでしょう。

このきものは、まず無機質な柄なので、古典柄ではない帯との相性もよいという利点があります。無論、この「晩夏」の季語という夕顔を刺繍した典雅な帯をすれば、夏前の単衣として、粋なのに風格のあるこなれ感がセンスよく光ります。九月以降は、一足早い紅葉などの染め帯や、強い色の無地の織り帯で思い切り洋服感覚で着てみたくもなります。

そしてもうひとつ、このよろけ格子の小紋をずっと見ていると、袷のきもののイメージも浮かんできます。単衣で十分楽しんだら、濃い色の裾まわしで袷に。黒いコートの下からチラリとのぞく、よろけ格子のきものの裾さばきの粋な感じが目に残ります。

ぼかし染めの京染小紋
絣織名古屋帯

さわやかな季節にふさわしい、単衣の装い。

細く繊細な刷毛目のようなぼかし染めの小紋は軽やかな品格があるので、手の込んだ絣織帯で品よくカジュアルに着たいものです。帯揚げと帯締めを濃いめの同系色で効かせれば、モダンな印象になり、シンプルな洋感覚の装いになります。華やかな色柄とは異なるたたずまいは、ちょっとしたコンサートやガーデンパーティで着る人の存在感をさりげなく際立たせてくれそうです。

単衣では肌寒く感じる日には大判のショールで肩をおおうと、ドラマティックな雰囲気を演出できます。バッグは、小ぶりのクラッチ。それもスタッズつきなど、ちょっと意表をつくハードなタイプを選んでくずすと格好よくなりそうです。

網代《あじろ》文様の小紋
ケイトウ柄の染名古屋帯

きものとメリハリをつけて、大胆な色柄の帯を。

クリーム地の網代にぽつぽつと小さな緑が効いている細かな柄ですが、若々しい華やぎもあります。このきものにすっきりとした夏草の染め帯なら、六月に着る単衣にふさわしいさわやかさが生まれます。

九月に着る場合はきものと帯、色と柄のメリハリを際立たせるような気持ちで組み合わせを考えます。帯はかなり個性的で強い柄を選んでも、可憐な色の網代の小紋がふんわり受け止めてくれるはず。これは、アートっぽいケイトウに赤トンボもいる大胆な柄ですが、染め帯ならではの味です。夏の疲れを感じさせない秋らしい爽快感と活気を帯で演出するのです。

盛夏に着る薄物《うすもの》 絽《ろ》・紗《しゃ》

七月と八月だけに着る透け感のあるきものを薄物といい、絽、紗、それに上布（麻）があります。贅沢なのですが、きものの世界には、その他にも五月末から六月と、九月のそれぞれに一週間くらいしか着ない「紗合《しゃあ》わせ」というきものがあることも知っておきたいものです。薄物を着るなら、思い切って付け下げにするのもいいかもしれません。夏のお呼ばれはきものと決めてしまうのです。冷房の効いた室内では、ドレスよりきもののほうが快適なこともあります。カジュアルなきものが必要なら、夏は浴衣が活躍します。半衿をして足袋を履くことで、小紋に格上げできる着方もありますから。

紗の付け下げ
牡丹柄の絽名古屋帯

七宝に草花の付け下げ
花菱文様の羅の八寸名古屋帯

古典柄の付け下げを、羅の帯でカジュアルに着こなす。

淡いクリーム地に古典柄が優しい色調で表現されている付け下げは、夏の光の中では素直に身になじむはずです。白地の吉祥《きっしょう》文様の袋帯をしめれば、クラシックな雰囲気の完璧なよそゆき着にもなります。また濃いめの地色の帯なら個性的に。

そしてここでは、従来なら絽小紋や上布に合わせるもので、付け下げのような格があるきものにしめることはなかった羅の帯をあえて組み合わせてみました。せっかくの薄物、七月、八月限定なのに、よそゆき過ぎて着られないのではもったいない。なじみのない薄物を着慣れるためにも、少しカジュアルに気楽に着たいと羅の帯を選びました。掟破りは承知の上で、気楽な食事会などに出かけてみてはどうでしょうか。

雪輪と雪の結晶の付け下げ
紗の袋帯

墨黒のきものの下に着る白の透け感が見るからに涼やか。

洋装ではサマーブラックといって暑い夏にあえて黒を格好よく着ようという心意気もあります。ただし洋服の場合、透ける黒いオーガンディのドレスならアンダードレスも黒が普通です。でもきものは白い襦袢を着る。大胆に思えますが、優雅なのです。

雪輪と雪の結晶の付け下げ、帯も冷たいブルーに銀で雪の結晶という、冬のモチーフをあえて夏に身につけて涼しさを演出するのも、きものならではの楽しみのひとつです。墨黒のきものは白い襦袢が透けるので、洋服の黒とは異なり、見るからに涼しげな印象になるのです。遠目にも引き立つ装いなので、主役になる覚悟と自信を持って着たいものです。

草花模様の絽付け下げ
金格子の絽塩瀬名古屋帯

秋の花柄を纏う清楚な夏きもの。

付け下げで、秋を先取りした草花模様が黄色地に描かれてはんなりしています。ブルー地の帯は金箔が強調された部分があり、一般的な染め帯より華やかさと格が感じられるのが貴重な一本です。訪問着ではないけれど、ホテルでの気軽な披露宴なら臆せずにいられます。洋服の夏のドレスアップは、結構、難問です。そんなときこそきものがおすすめです。

左は、撫子柄の可憐さが、昭和初期のきものならではのキュートな小紋です。若い方なら、ちょっとしたパーティにも十分な華やかさがあります。サイズの問題はありますが、まずはアンティークで探してみるのも。現代のきものにはない柄行が見つかるはずです。

撫子柄の絽小紋
麻の名古屋帯

全体をまとめあげる帯締めと帯揚げ。

黒留袖や色留袖などの第一礼装には帯締めと帯揚げにも、それなりの決まりがありますが、小紋や紬の場合は、自由に選んで、装い全体を自分らしく美しくまとめればいいと思います。

きものと帯をつなぐ帯揚げは、ふたつの色調がメリハリよく調和しているのなら、どちらかの色に近づけて目立たなくするのもひとつです。反対に同系で印象がぼやけるなら、さし色を効かせて。きものと帯がともに地味過ぎるときは、くっきり映える派手めの色で明るく見せることも。帯締めと帯揚げの色を揃える方法もありますが、別色で楽しみたいもの。帯が多色の場合、帯締めはその中の多い色を拾うよりも、少ない色を拾ったほうがこなれた感じがします。まったく別の色を選んで全体をまとめるには、多くの美しい色を見て感じる、その人の個性と経験の積み重ねが必要なのではないでしょうか。

しっかりした地紋のきものと、大胆な色柄の帯なので帯揚げは帯の中の一色で抑えて。帯締めの赤白でおめでた感を強調する。

きものの柄のブルーを帯揚げに取り出すことで帯のピンクが強過ぎることなくまとまる。オレンジの房で少しくずしを加えて。

きものも帯も同系色の暗い色調なので全体に沈んでいるが、帯揚げと帯締めでピンクとブルーを加えると帯の柄が浮き上がって明るくなる。

ブルーのきものと薄い色の対比が明快なので、白にブルーの絞りの帯揚げと同じくブルーの帯締めにしてシンプルにまとめる。

黒地にたっぷりの桜と若草色に蝶の帯は、それだけで完璧な組み合わせ。帯揚げはひっそりと目立たせず桜の色を帯締めでプラスして。

染め格子の粋な雰囲気と刺繍の帯のはんなり感を調和させるには少し強めのブルーと優しいオレンジという微妙な色調が力を発揮。

格子のきものと南国の花の帯は対比が明快だが、あえて赤を加えてくっきり印象的に。帯締めをグリーンにしてクリスマス気分にも。

小さい格子でも勢いのある黄八丈と同系のこっくりした色調の琉球紅型の帯の間には、強めの色の帯揚げと帯締めでひきしめて。

紺絣の木綿きものは素朴だが縦絣がモダンに見えるので西洋更紗との相性もよい。洋服センスのピンクとブルーでさらに現代的な日常着に。

織のきもの

格子柄の紬
ペルシャ風更紗の小千谷紬名古屋帯

織のきもの

織のきものといえば、まず浮かぶのは紬とお召ですが、木綿や麻、芭蕉布なども含まれます。染のきものとは違って、まず糸を染めて、それから織り上げるので「先染め」とも呼ばれています。

染のきものよりカジュアルで気軽に着られるので、かつては普段着であり、晴れやかな場所にはふさわしくないと考えられていました。とはいえ、ライフスタイルが変化し、洋装のカジュアル化も進んだ現代では、織のきものの存在感は以前より増し、さまざまなシーンで着られるようになっています。

紬から、きもの生活をスタートする人も多くなりました。洋服と同じ感覚で無地の紬を選び、個性ある帯で自分らしく装うことを楽しんでいる若い方も増えたようです。染のきものよりルールにしばられず、自由に楽しめるなら、それもよいのではないでしょうか。また、最近では紬地に後で染める「後染め」の紬のきものも目立つようになり、一味違う小紋のきものの楽しみも増えたようです。

初心者にも、きもの上級者にも好まれる大島紬の他に、日本各地でさまざまな紬が織られています。なかでも伝統的な技法による独特の風合いが魅力の結城紬は高級品としても知られています。そして上級者になればなるほど、最後は紬に返ると言われていますが、究極は結城紬ということになるのでしょうか。

はんなり着たい織きもの

紬のきものを粋にシャッキリ着る、または男っぽくサラッと着る。それが格好よいと聞いていました。でも、そうはしたくない。それは私には似合わないという思い込みもありました。洋服のファッションページ作りが仕事であるため、自分の服装は極力シンプル。着る色を絞って仕事をする大人の女に見えるように必死に頑張っていた反動もあった気がします。紬を着るにしても、はんなりと、色数も気にせずに自然体で着たいと夢見ていたのです。初めての市松の大島紬にしめたのは鮮やかな紫地の縮緬の染め帯でした。一時はその組み合わせで、どこへでも行きました。その結果、大島紬の魅力と底力、きものを着る楽しみにも気づけたと考えています。

小山憲市の横段模様の上田紬
菊柄の型絵染め名古屋帯

絣のお召
洛風林 ウクライナ繍花文の帯

きものの絣模様と帯の色を合わせて。

織のきものというと、現在ではすぐ紬が浮かぶようですが、昭和の半ば頃までよく着られていたお召もあります。織のきものですが、紬よりは格上のあらたまった外出着として重宝されていました。糸の段階で精練し、先染めした後に織り上げるためシボがあり、シャリ感のある独特の風合いが生じます。産地によって、いろいろな種類がありますが、現在もよく着られているのは、矢絣で知られる絣お召や、紋お召でしょうか。

袴姿の女学生の定番きものだったので、白と紫の矢絣のお召は、すぐイメージが浮かぶかもしれません。この絣お召は、紫と渋い緑に明るい黄が配されることで、リズミカルな明るさが洋感覚に通じます。昭和の時代によそゆききものだったお召ですが、これは気取らずに楽しんで着たいもの。濃い茶色地に、絣と同色で洋風更紗の花模様が織られた帯をしめると、統一感のある色調のため、すっきり見えます。

春らしい華やかさもあるので、お花見をかねての食事会などにふさわしいかもしれません。濃い地色に季節の花がくっきり染められた染め帯なら、クラシックな印象に変わります。

紋お召
変わり縮緬に唐辛子の染名古屋帯

遊び心のある唐辛子の帯で、お召を粋なお洒落着に。

一枚目のきものが無地感覚の紬という方は結構多いと聞きます。それも薄めの色というか、白っぽく光沢のあるものが好まれているようです。洋服姿と一緒になっても目立ち過ぎず、洋感覚のシンプルさもあるということでしょうか。加えて帯選びに悩まないばかりではなく、むしろ帯選びが無限に拡がる選択といえます。白っぽくて光沢のあるきものなら、紬でも帯次第で十分華やかになり、ハレ気分が出るのも確かです。

それもよいのですが、ここでは、その無地感覚の紬の代わりにお召はどうでしょうかという提案です。先にも触れましたが、お召は織のきものの中では格も高く、紋お召は特に格のある場所でも通用するきものです。

紋の柄が七宝のような有職《ゆうそく》文様だとさらに格が上がりますが、ここで選んだのはシンプルな格子風の紋お召です。淡い二色使いが陰影を生み出し、しっくり顔になじみます。紬より裾さばきが容易なのも嬉しく、立ち姿もキッチリするのがお召です。洒落袋帯や古典柄の織名古屋帯なら、フォーマル感が出る装いになります。気軽に着るなら更紗や、季節の花の染め帯。遊び心をというならこの唐辛子柄の染め帯で。唐辛子の中に三十組以上の小紋柄がはめられた通し柄の帯なので、ちょっと贅沢感もある余裕の着姿が決まります。

立涌《たてわく》のお召し
刺繍名古屋帯

華やいだ帯で粋なお召が都会的に。

濃い紫地に少しくずした立涌模様のお召は、粋な大人きものの雰囲気です。二本のゆるやかな曲線が向かい合い繰り返されていく、基本的な立涌は、実は有職《ゆうそく》文様のひとつで格式があります。曲線のふくらみの中に菊や藤や松などが織り込まれた華やかな袋帯などで、おなじみです。そんな立涌も染め小紋や、このお召のように細くシンプルに表現されると、モダンで粋な感じになり、格子や縞の染に通じます。

昭和の頃なら粋な奥様の外出着のイメージのこのきものも、クリーム地に刺繍でモダンな柄が表現されている帯で華やかさをプラスすれば、若い人らしい外出着になります。白半衿を細めにのぞかせて、都会的に格好よく着るとよさそうです。

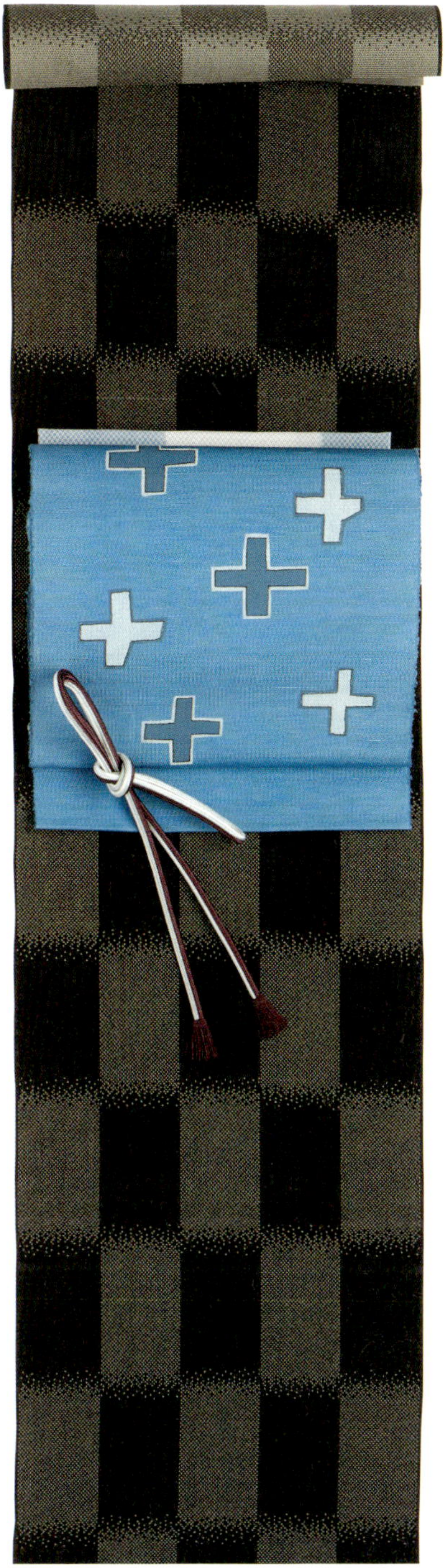

市松のお召
「カシミールの鳥」紬名古屋帯

帯によって表情を変える、市松のお召をモダンに。

昭和の中頃まで、紬は普段着という感覚が一般的だったことでもわかるように、染のきものよりラフな気分で着ていられるのが織の魅力です。それでも「お召」は織のきものの中では格が高いので、外出着として親しまれていたようです。

これは縦に長い市松柄がシックに表現されているので、帯により表情が変わる使い勝手のよさがあります。モノトーンの市松柄は古典的であると同時に洋感覚のモダンさもあります。図案化された鳥のモチーフの紬の帯で、個性的な雰囲気に。黒や紫地の古典的な文様の染め帯をしめれば、まったく異なるしっとりした装いになります。友人との食事会や展覧会を楽しむときにさりげなく着たくなります。

縞の大島紬
金糸の百合の名古屋帯

大胆な柄をシックにまとめる黒の魅力。

前部分には金糸で蕾《つぼみ》と葉、お太鼓には大輪の百合が大胆に配されている帯は誉田屋源兵衛《こんだやげんべい》製。優しい色の江戸小紋を、一瞬にして個性的なお洒落着に変えてしまう力を感じます。一見して、紬のきものには不向きにも見えるのですが、すっきりした縞の大島紬に出合ったので、しめてみたくなりました。このくらい金が強い帯は、紬にはしめないというような不文律もありました。でも今なら、そんな冒険も許される気がするのです。大島紬らしい艶やかな黒と、帯地の深い黒が柄の強さとバランスを取りながら、ずしりと重くなるのではなく、それぞれの存在を際立たせるのが見事です。小物に赤やトルコブルーを効かせたくなりますが、あえておさえて渋めの色を配してみると、さらにそれぞれが引き立て合い、格好よく決まります。

華やかな染のきものをパーティに着るのはお約束ですが、こんな粋なきものの艶やかな着こなしこそ、現代的なハレ感覚という気もします。短めのボブかアップにまとめて、純白の半衿を細めに出し、小ぶりでシャープな黒かブロンズ色のクラッチで仕上げて。

大島紬
紅型染名古屋帯

白の絣の大島紬
織り柄の名古屋帯

一枚は持っていたい大島紬は、年代に合わせた着方を工夫して。

右は、幾何学的な柄行が濃いえんじに映える大島です。雨にも比較的強く、しわになりにくい大島紬は旅行着に最適です。古都の街歩きなどに、大きめの花柄が印象的な紅型の染め帯ではんなり気分にすれば、街と自然に同化して、忘れられない旅になりそうです。半衿の白が際立つ清潔感を大切に、意識してさっそうときれいに歩きたいものです。

左は細かな絣柄ですが、大島紬特有のシャリ感と艶があるので、地味過ぎることはなく、幅広く長く着られます。お気に入りの一枚を見つけて、帯を変えて徹底的に着込むのにも向いています。こんな個性的な帯ならカジュアルに。季節柄の染め帯で気取ったりも。

格子柄の大島紬
南国花の紬名古屋帯

目を引く柄の帯を主役に、清楚で軽やかなきものを合わせて。

大島らしい光沢にさわやかな格子柄が織り込まれているので、帯次第でカジュアルからパーティまで着こなしの幅が広いのが嬉しい紬です。グリーン地に南国調の花が染められた紬地の染め帯なら、クリスマスの装いに見立ててもよさそうです。そんなときには帯締めを鮮やかなグリーンにして。ドレスの中で自然と感じよく目立ってしまうきもの姿を目指したいものです。

春向きに、季節の草花が目立つ染め帯や、西洋更紗の帯もいいかもしれません。きっぱりした縞の織り帯でモダンに着たりと、組み合わせの夢が無限に広がります。大判のきれいな色のカシミアショールを肩に出かけても。

源氏車の白大島
宝船の京友禅の名古屋帯

白大島を引き立てる、カラフルな宝船の染め帯。

大島の中でも贅沢感のある白大島で、模様が源氏車となると、はんなりした雰囲気になります。白さが際立つので単衣にして初夏に着るのもいいのですが、まずは袷で楽しみたいものです。裾まわしを思い切って濃い色にすると個性的な装いになります。おめでたい宝船柄の染め帯は波頭《なみがしら》のぼかし具合と、地色の黒が印象的です。

お正月や気軽な祝いの席のお洒落着にもふさわしい最高の組み合わせです。こっくりした色の羽織を粋に重ねても。織のきものに染の帯だからこその、素材と色柄のハーモニーです。きものというひとつの型を自在に楽しむ日本人のセンスと知恵がここにあります。

一枚のきものの印象をがらりと変える帯の楽しみ。

縦縞のお召し
バティックの名古屋帯

「きもの一枚に帯三本」。昭和の中頃まではよく言われていたことで、一枚のきものも帯により、三枚のきもののように表情を変えるということでしょうか。帯の大切さを伝える言葉として心に留めておきたいものです。ベルトのような付属品ではなく、きものと同じか、それ以上の重みのある帯だからこそ、装いの格や雰囲気を決定するのです。

ほしい帯に出合ったら、まず手持ちのきものに合うかを考えてみることです。合わなくても、絶対にほしいほど好きかどうか再考することも大切です。時間をかけて丁寧に、真剣に見て選んで、長く大切にしめられる一本を探したいものです。

横縞の上に縦縞を配したお召は季節や年齢を問わず、紬より格上の織のきものならではの着まわしを楽しむことができます。洒落袋帯で格調高く着るのもいいものです。

右・落ち着いた色調にエキゾティックな動物柄が個性的なインドネシアのアンティークバティックの帯。遊び心満載の柄が落ち着いた色調で表現された染め帯なら、さわやかな白地のお召も品のあるお洒落着に。

左・明るい水色地に鳥や花をちりばめた紅型調の染め帯は春向きですが、濃い茶やグリーン地なら秋にも。グッと若々しく、内輪の集まりにふさわしい華やかさが加わります。

右下・モダンな柄がすっきりと織り出されたほんのり光沢のある八寸帯なら、お召をさりげなく着こなす着慣れた人の軽い外出着の雰囲気です。帯揚げと帯締めに、はっきり強い反対色をコーディネートしても。

左下・こっくりした紫の紬帯。深く陰影ある紬地の帯なら、お召が粋で少し鉄火な感じになります。帯位置を低くゆったりしめる銀座結びなどにして。帯締めは凝った織のものを選んで。

花織のきもの
「水玉の花」織名古屋帯

花織のきものを抽象柄の帯で個性的に。

大島がその典型ですが、紬のきものは仕立て方で袷でも単衣でも、どちらにもできるものが少なくありません。無論、夏大島は夏用の反物ですが、白大島は袷と単衣のどちらにするか迷う方も多いようです。

これは、帯で見ることの多い沖縄の花織のきものです。繊細な色調で格子が織り出され、洋装地のシルクタフタのような素材感と光沢があります。格子柄といっても、ラフな感じはなく、むしろ気取ってゴージャスに着たほうが自然な気もします。そこで選んだのが、誉田屋源兵衛《こんだやげんべい》製の「水玉の花」と名づけられた大胆に抽象化された花が力強くお太鼓を飾る帯です。ブルーの水玉部分の立体感と光沢が個性的で、さりげない街着というより、展覧会のオープニングなどの集いに花を添える装いになります。

この花織も、この色調を見ると、単衣にして五月から六月に着るのに適しています。でも、このまま袷にして、黒っぽくなりがちな冬の装いの中で、パッと目立つのも新鮮な気がします。濃い色や黒地の帯も合いますが、ウィンターホワイトとは言わないまでも、寒い冬に着る白い装いも捨て難いものです。というわけで、白大島をはじめとする紬のきもので、反物として気になるものに出合ったら、まず単衣か袷かを検討してみてください。単衣で何年か着て袷に。その反対もできるのですから。

黄八丈
琉球紅型の染名古屋帯

威勢のいい印象の黄八丈を、こなれた雰囲気にまとめる。

黄八丈というと歌舞伎の演目の中で、粋で鉄火な女の衣装として使われ、艶っぽいイメージもあります。黒地の帯でそんな雰囲気を演出するのもいいのですが、ここでは色調の合う紅型の染め帯で、優しくほっこりしたイメージに。濃い色の帯揚げを合わせ、織と染の境界線をはっきり区切ることで活動的な日常着らしくなります。

洋服のチェックに通じる格子柄の紬は、単衣にしろ袷にしろ、気張らずにさりげなく着られます。とはいってもギンガムチェックやウールの千鳥格子とは異なる絹織物なので、着姿はおしゃれでちょっと粋な女っぷりが演出できるのです。染のきものと違い、そこはかとない情緒感がない代わりにモダンで活動的に見えるので、秋口の都会の景色になじみそうです。

格子の上田紬
果物柄の織名古屋帯

草木染めの風合いを生かして、すっきりした着こなしを提案。

くるみや栗、銀座の柳など、草木染めで表現された白地の格子は艶と温かみのある上田紬。優しいブルーやクリーム地の染め帯ではんなり着るのもいいのですが、唐草風に果実を表現した黒地の帯でキリッとした華やかさを提案しています。帯揚げと帯締めの紫とブルーがアクセントカラーとして効いています。

こんな色調の紬なら、単衣にして四月末くらいから着始めるのもいいかもしれません。秋口は十月の初めまで、十分に楽しんでから、好みの裾まわしで袷に仕立て直しても。

縦縞の十日町紬
南国調の花の名古屋帯

濃紺で統一した凜々しさに、やわらかな春色を小さく効かせて。

絣とは一味違う縦縞の中の色の濃淡がアートっぽい印象の紬。春先に着るなら薄いブルーやクリームなど明るい色の帯がまず浮かびます。もちろん白地の帯でメリハリの効いた春らしさを装うのもいいのですが、ここではあえてきものと同じ濃い地色に南国調の花を配した帯で個性的に全体をまとめました。

その代わり帯揚げ、帯締めにはパステルカラーを配して、少ない分量を効果的に見せ、全体の雰囲気を春らしく和らげた着こなしです。白っぽいきものが目立ち始める春にあえて濃紺をしっとり着る。半衿と足袋の純白を意識するのも大切です。

市松の小千谷紬
八寸名古屋帯

伝統的な市松柄には、遊び心のある帯で若々しい印象に。

柄がある紬といってすぐ思い浮かぶのは絣や格子、縞などです。誰にでも着やすく、着慣れれば手離せない一枚になる柄ですが、初心者にはよさがわかりづらい面もあるようです。市松はあくまでもきものの伝統柄ですが、洋服のチェックと比べると、かなり大胆で強い印象に感じられるようです。でもこれは松煙染めによる落ち着いた色調ですから、袖を通すと身体の線に沿って自然になじむ優しい雰囲気が着やすい一枚です。明るい色調のモチーフがリズミカルに織り込まれた帯は立体感があり、小物の色とともに若々しさをプラスします。

ぼかし横筋入り石下《いしげ》紬
和更紗の染名古屋帯

横段がアクセントの紬は、優しい色合いでまとめて。

発色のよい明るい色の紬は、適度にハレ気分も出せる優《すぐ》れものです。まったくの無地より、このくらいの柄があるほうが帯のおさまりもよく、着る人を引き立てて動きも映えます。同系色の和更紗の染め帯でワントーンを意識してまとめると、春らしく優しい雰囲気に。秋には茶やカーキなどの渋い色の帯を選んでしっとりカジュアルに着たりと、帯により季節感を出しやすいのも利点です。

普段着という感覚が今でも残っていることでもわかるように、染のきものよりラフな気分で着ていられるのが紬のよさですが、決して雑に着ていいということではなく、生地の感触や着心地がそうさせてくれるようです。

えぞ織の紬
市松の洒落袋帯

鮮やかな色を大胆に纏い、集いを満喫する個性的な装い。

ショッキングピンクのドレスを着こなすのには抵抗がある人も、こんな美しい同系色の織なら、白い半衿を効かせて自信を持って着られるはずです。帯は淡い色合いが優しい市松なので、きものの印象も品よく華やいで見えます。このあでやかさは、クリスマスパーティなどに着るきものの向きかもしれません。その場合はグリーン系の帯締めにすると個性的な雰囲気が強まり、よりクリスマスらしくなります。

気楽な集いなら染めきものより紬のほうが気持ちにもしっくりきますし、リラックスして楽しめます。光沢もあるのでホテルの空間や、少し格式あるレストランでも映えるはずです。

市松模様の紬
大梅重ね染名古屋帯

格子の織紬
インド更紗の名古屋帯

紬のきものは古都の街歩きにも。

右の渋い色のきものは、部分的に染め疋田《ひった》で市松を表現した凝った紬です。市松の大きさに呼応する大きな梅の花が鮮やかに重なった染め帯は、銀座結びにして、遊び心たっぷりに着こなします。昔の日常着のような、気取らないさりげなさが、懐かしさのある街並みに自然にとけこみ、旅先での散策を思い出深いものにしてくれそうな装いです。

左のグレー地のさっぱりした格子柄は洋服なら男っぽい雰囲気ですが、身体に巻きつけて着るきものなら、女らしさが引き立ちます。赤系の帯で華やかさを演出したいもの。ただし個性的な着こなしが好みの人は、黒地の帯にして小物だけに赤を効かせてみても。年齢を重ねたら、茶系の更紗の帯で品よく枯れた落ち着きをにじませて着たいものです。

格子の紬
切嵌《きりばめ》の袋帯

格子のきものと黒地の帯を、粋に着こなして。

いつか、きものを着てみたい……。成人式に振袖を着る気にはなれなかったけれど、そんな気持ちが知らぬ間に芽生えている人もいるかもしれません。

やはり年の始めが区切りもよく、絶好のチャンスです。でも、お正月だからといって、必ずしも華やかなよそゆきとは限りません。友人との新年会や食事会なら、気軽な紬に遊び心のある帯の組み合わせがとっつきやすく、予算も立てやすいはずです。

紬というと、初心者は淡い無難な色調の無地感覚のものをすすめられることが多いようです。着まわしが利くのは確かですが、自分らしい着方にゆきつくのが難しく、いつの間にかきもの熱が遠のいてしまうことも。

そこで提案したいのが、せっかく決心した一枚目の紬なら、思い切って明るい色調の格子のものを選びます。もちろん好きで、着たい気持ちが大切です。カジュアルに着られて、帯によってガラリと表情が変わる楽しさがあります。帯も無難なものではなく、さまざまな大島紬を円の中に切嵌した黒地のものにします。この格子紬を黄八丈に見立てれば、歌舞伎の玄冶店《げんやだな》にも登場する徒名《あだな》姿のお富さんのイメージにつながり、粋で格好よい姿が浮かびます。同じ黒地の帯でも鞠や千羽鶴柄の染め帯なら町娘っぽい可愛らしさが際立つはず。いつの間にか、きもの姿が身についているというのが理想です。

紬地の染めきものは大人の女性の旅行着に。

最近のことですが、きものを着てみたいと秘かに考えている人が多いと聞くと嬉しくなります。実際、私の周りにもきもの生活を楽しんでいる人が増えています。

ただし紬の場合、一般的には地味な無地っぽいきものが多いことが残念です。その年齢のときにしか着られない、もう少し華やかなきものを着てほしいと老婆心で思うからです。実は私も若い頃は、地味な着物を着てみたかったので、お正月に母の紺地の紅型小紋を無理に借りて、出かけたりしました。でも四十代を迎える頃には、若い女性らしいきものを着なかったことを後悔したのです。

洋服は、格好よく着こなそうとすると、どうしても無地になります。その点、立体的な洋服とは異なり、直線のきものは全体に柄があっても身体になじみます。裾までの長さがあるので、バランスを保てるのです。洋服の感覚できものも無地を選ぶ人が多いと聞くと、もったいないと思うばかりです。柄物を着慣れなかったり、洋服の中で目立つのではと躊躇するせいだとは聞きますが、きものはむしろ柄物のほうが普通で着やすいと実感してほしいのです。

そこで、ここに選んだのは、いわゆる紬のきものとは一味違う、紬の染めきものです。同じ絹でも紬地に染めると、ぐっとラフに、洋服でいうカジュアル感があります。右のグリーンは星のような楓のような柄が地味なのに楽しげです。左は立涌の中の花が洋風更紗を思わせ、どちらも気軽なドレス風に着たい雰囲気があります。白い半衿が首元にくるので、すんなり着こなせてしまいます。柄に柄を合わせるのが不安なら、まず無地の紬の帯をしめてもいいかもしれません。右なら、渋いブルー、左は、写真のインド風の帯と同じえんじを。紬の染めきものは、実は旅行着にも向いています。ほどほどにカジュアルで着やすく、帯によって表情を変え、染ということで、おしゃれ度が高くなるので、着ていく場所も拡がります。

楓の牛首紬
紬の染名古屋帯

花立涌の牛首紬
インド調の織名古屋帯

単衣《ひとえ》に仕立てる織きもの

染きもののページで触れたように、以前より着る期間が長くなったのですから、カジュアルに着る織でも、ぜひ、さわやかな季節の単衣を楽しみたいものです。よそゆき着としての気取りも少しほしいなら、紬より格上のお召がいいかもしれません。特に風通お召は、裾さばきでのぞく裏地が印象的なので、単衣を着る爽快感を実感できるはずです。紬の中でも、とりわけ単衣に向いているとされるのが、その光沢となめらかな質感が特徴的な大島紬なのはよく知られています。きものを着慣れない人にとっては染より織の単衣のほうがなじみやすく、着やすいかもしれません。

幾何学柄のお召
インドネシア更紗の染名古屋帯

源氏香の風通お召
金銀柄の織名古屋帯

裏表が反転した風通お召は、大胆な古典柄ではんなりと。

ふっくらとやわらかな二重組織の織物で、表と裏の模様が反転しているのが風通お召の特徴です。昭和の中頃まで織きものの外出着として愛用されたお召だけに、華やかで大胆な古典柄のものも見られ、この源氏香柄も凝っていて見事です。その源氏香の大きさと華やかさに呼応する金銀の柄が品格のある帯で、集まりの席にふさわしい装いです。

洋服を着ているとあまり意識しないかもしれませんが、単衣のきものを着てみると、裾さばきの際にチラリと見えたり、手を動かすと袖の振《ふり》から見える裏地は結構気になり、目につきます。洒落っ気のある裏地がのぞく単衣を着てみると、きものの奥深さの一端がよくわかるのではないでしょうか。

リバーシブル 紋お召
稲垣稔次郎型絵染の生紬名古屋帯

リバーシブルの紋お召は、気張らない外出にさりげなく。

洋服のリバーシブル地のように、表と裏に異なる柄が織り出された紋お召は、どちらを表にしても着られますが、洋感覚でカジュアルに着られる縞を表にします。生紬地の染め帯の柄に呼応するように、きものの裏地がのぞくので、着慣れた人らしい粋な雰囲気になります。

五月までは袷を着て、六月から単衣というきもののしきたりがありますが、よほど格式ばった会合や正式度の高いお茶会でなければ、五月に単衣も当たり前になっている現在です。単純に気候に合わせて快適なものを着ると考えればよいのではないでしょうか。そこで裏地にこだわった単衣のお召の出番も多くなりそうです。

花柄の泥藍大島
モダンな柄の名古屋帯

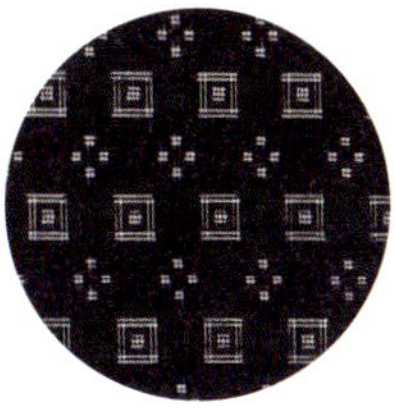

絣の藍大島
水玉模様に銀彩の名古屋帯

藍大島の魅力を際立たせる帯選び。

右は、大胆な大輪の花が印象的な泥藍大島です。柄は大きくても、藍と黒という色彩で、織によって表現されていると、自然に身体になじんで着こなせてしまえるのが、きものならではの魅力です。抽象柄がモダンな織の帯で、優雅な昼下がりの外出着として。帯の色味に合わせたバッグで、洋服のセンスもうかがわせる余裕を。

左は、細かな幾何学模様風の細かな絣が藍の深さを際立たせている藍大島。艶やかな光沢があり、シックなドレス感覚で着てみたくなります。水玉の地紋が、銀彩部分で浮きあがる黄色の帯を組ませると、くだけたパーティなどに最適な洒落た装いになります。

縞に絞り染の紬
ヒラメ柄の八寸名古屋帯

菱形に絞り染めをした珍しい縞紬。

この反物を見たときは、ハッとすると同時にきものに仕立てたらどう見えるのだろうと不思議に思いました。きもの屋の主人に上前と袖だけに菱形模様が入ると説明され、やっと着た姿を明確にイメージできたのでした。

縞の紬地に、絞りの技法で菱形を表現した、個性的に凝った一枚です。印象は強いのですが、すっきりと着られるのが嬉しいきものです。帯は紙布《しふ》入りの素材に、お太鼓いっぱいのヒラメという、これも遊び心たっぷりで珍しい一本。きものと帯の色の対比がしっかりしているので帯揚げは目立たせず、帯締めに色を効かせます。友人の展覧会の初日に着て、ちょっとハッとさせたいきものです。

ウールの絣
インド更紗の名古屋帯

ウールの絣も紬感覚で着てみたい。

子供時代の記憶に、母が家で着ていたウールのきものがあります。千鳥格子のそれを「暖かいのよ」と言っていました。一般的に流行り出していたのですが、いつの間にかすたれ、気づいたら母も着なくなっていました。モタついて裾さばきも悪かったのでしょうか。きものは礼装用の留袖と無地、軽い外出のお召と紬に落ち着いたようでした。

そんな私にとって、このウール絣は薄く滑らかな質感と、グレー地にグリーンと赤の配色が新鮮で、一度、着てみたいなと思わされました。インド更紗の帯をしてカジュアルな洋感覚で、絹の単衣より気軽に。ショールをしたりして長い期間着られそうです。

濃い色地の単衣のきものを、初夏と初秋に着分ける。

単衣のきものを着る期間が長くなっている最近です。以前のように六月と九月だけではなく、五月から、暑がりの人は四月くらいから単衣を着ることもあるようです。そして九月だけでなく、暑さが残れば十月も単衣を着ることが珍しくない、この頃です。

そんな長くなった盛夏の前後の単衣の時期に気分よくきものを着るには、白いより落ち着いた色調のほうが賢明です。残暑の日差しの中の白いきものは、時により疲れを感じさせます。反対に盛夏前の濃い色のきものは、白い帯を合わせてメリハリをつけると爽快に見えます。選んだのは、文様化された燕《つばめ》が特徴的な琉球絣です。

夏前には、薄物の絽や紗のきものにもしめられる優しい色調で透け感もある白地の甘瓜柄の帯でサラリと着ます。半衿の白をいつもより意識して、足袋の白とバッグの白が呼応するよう緊張感をもって着ます。

九月から秋に向かっては、きものの濃い色のこっくりした雰囲気を大切に、やはりこっくりした色調の複雑な吉野織の帯を合わせ、帯揚げ、帯締めも濃い色目でまとめると秋の深まりを予感させる装いが完成します。

琉球絣
甘瓜柄の染名古屋帯

琉球絣
吉野織の名古屋帯

普段着としての木綿《もめん》きもの

木綿のきものというと、久留米絣がまず思い浮かびます。紺に白のほどよい大きさの絣が飛んだきものからは、いがぐり頭のわんぱく小僧のイメージが広がります。少し前の時代まで、木綿のきものは、老若男女の普段着だったのです。現在は同じ木綿でも、夏に着る浴衣のほうが親しまれていて着る人も圧倒的に多いようですが。でも今また、木綿きものを見直したいのです。真夏以外の心地よく着られるときならいつでも。寒かったらダウンベストを重ねるのもいいですし、タータンのショールとの相性も抜群です。純白の半衿をきっちりつめてのぞかせるのが大切です。

久留米絣
縞の八寸名古屋帯

近江の木綿
ヨーロッパ更紗の名古屋帯

花織の半幅帯

一枚目に選びたい素朴な木綿の紺絣。

理想的な初めてのきものは何かと考えると木綿のきものがすぐ浮かびます。浴衣で着慣れるのも悪くはないのですが、夏限定ですし、下着や半衿をつけないので、どうしても手抜きになりがちです。木綿のきものも、半幅帯で気楽に着られますが、真夏以外のオールシーズンに、下着や上に羽織るものを調節して着続けられるところがポイントです。

なにしろ木綿は、ちょっと前の時代には老若男女の日常着として、季節を問わず着られていたのです。紺に白の絣柄を一枚選んで心地よい季節のお休みの日などに、ともかく着て生活することを、おすすめします。はじめは半幅帯で、できれば掃除や洗濯、台所仕事を。洗濯機での洗濯なら、タスキがけすればなんとかなります。最初は楽しもうとか考えずに、着慣れるためと覚悟して。少しでも早く着付けと身のこなしを自分のものにするには一番の方法です。

誰もができることではないでしょうが、できれば、やる価値はあります。そんなとき、最初から普段用と安易に選ぶのではなく、真剣に好きなものを見つけ、丁寧にきれいに着ることを心がけます。半幅帯で着慣れたきものを、更紗の帯をお太鼓にして格上げし、ちょっとお出かけする日が必ずくるはずです。

三河木綿
紅葉と桜柄の織名古屋帯

ジーンズ感覚の木綿は、赤い帯と小物でカジュアルに。

軽い外出にすっきり着たい少し上級者向きの木綿です。濃い地色の無地も紬だと、それなりに着るときに身構えし、若い方にはなじまないこともあります。しかし、こっくりしたチャコールグレーですが、これは木綿なのでブラックジーンズのように身近に感じられ、気分よく着られそうです。

純白の半衿を首元に、明快な赤系の帯やバッグを加えると、若い人にしか着こなせない、無地きものの現代的なカジュアルスタイルが完成します。大きな格子の帯や大胆な更紗の染め帯など、自在に楽しめます。タータンのショールで秋を迎えるのもまたいいものです。

縞模様の丹後木綿
源氏香の染名古屋帯

光沢のある縞は、帯次第で幅広く着こなせる。

ザックリした格子や縞、それに紺絣などが木綿を思い出させます。でも、ここで選んだのは、むしろ木綿ということを意識せずにワンランク上の着こなしを楽しみたい、絹ものに近い繊細な縞の織のきものです。

縮緬の産地・丹後ならではの高級感のある木綿は、縞が細い糸で密に織られていて、絹のような光沢もあり、着心地と肌ざわりのよさを実感できます。源氏香の縮緬の染名古屋帯もしっくりなじみ、少し気取った外出にもぴったりです。格好よく日常的に着るには博多帯を合わせると、着慣れた雰囲気になります。

縞の絹木綿
ラオス名古屋帯

紺地のシックな縞を、エキゾティックな帯で遊んで。

木綿は快適なので、真夏以外は格好よく楽しんで着られます。絣や格子の木綿もいいものですが、大人の女の格好よいきもの姿を目指して、粋な感じの縞を選んでみました。シルクが五十パーセント入った木綿地なのでしっかり落ちる質感が着姿を美しく見せます。細い赤が効いた縞は半幅帯で気楽に着るのもいいですし、ラオス製のエキゾティックな帯ならおしゃれになります。

木綿のきものの長所は、まずお手入れが楽なこと。しみ抜きや洗い張りをせずにクリーニングが可能です。汚すことを前提に着るのではありませんが、気楽にさっと着て出かけられるのは大切なことです。

縞の越後片貝木綿
丹波布の八寸名古屋帯

縞と縞を掛け合わせて、大人の女のカジュアル。

キッパリした縞と洗練された色調が味わい深い越後片貝木綿は新潟県の代表的織物のひとつです。同じ縞の帯でも黒の部分が多い個性的な一本は季節を問わず印象的な組み合わせになります。帯揚げは黒でひきしめたり、帯締めはきれいな色でアクセントをつけるのも。

木綿のきものはいつものシャツとパンツの感覚で着たいもの。近くの外出なら浴衣と同じように半幅帯でもよいのが木綿のきものの手軽さです。普段に着て少し慣れたら、自分らしい名古屋帯を選んで、粋な大人の女ならではの格好よい外出着として着込んでいきます。あまり気を張らずに着られますし、動作もいつもより少ししとやかにすれば大丈夫。木綿のきものできものを着る習慣を身につけてしまいたいものです。

菱文様の綿薩摩
西洋更紗の染名古屋帯

上質な木綿の風合いを伝える綿薩摩。

これは菱文様の綿薩摩のアンティークを、洗い張りした後、仕立て直したきものです。着込まれた綿薩摩は、やさしい肌ざわりで、木綿とは思えない着心地になっています。露芝《つゆしば》や鉄線の染め帯で気取って着るのにも向いていますが、ここではあえてアンティークの西洋更紗の帯をして、洋服感覚の色調にまとめています。菱文様は単純な絣柄よりモダンな感じもあり、こんな組み合わせも、すんなり受け止めてしまいます。

実は綿薩摩は、薩摩絣ともいわれ、絣の中でも上級品です。使われる糸は、木綿としてはとても細く、絹と同じ光沢と風合いがあるものです。もとは薩摩（鹿児島）の支配下にあった琉球（沖縄）で織られていました。時代を経て鹿児島や宮崎で織られるようになりましたが、大島紬の手法を取り入れて精致に織られています。

真夏用の細番手の糸で織られたものなどは洋服地のコットンオーガンディを思わせる薄手のものもあり、綿絣といえども超高級品の品格を漂わせます。夏の普段着としては贅沢で、きものを着尽くした人に好まれるという点では、結城紬に通じるかもしれません。織り手が少なく、高価なのは確かですが、なんとか創り続けられてほしいと願うばかりです。

弓浜絣
丹波布の袋名古屋帯

長く慈しんで着たい綿絣。

鳥取県の弓ヶ浜半島一帯（米子市と境港市）で作られているのが弓浜絣です。弓浜絣というと、布幅いっぱいに鶴亀や花鳥風月、生活用具などがおおらかに表現されている絵絣がすぐ浮かぶのではないでしょうか。

その弓浜絣の技法を生かした、細かいけれど味わい深い小さな絣のきものです。単純だからこそ飽きることはなく、着込むほどに身になじみ、自分のものらしくなっていきます。帯で変化をつけやすいのも、こういうシンプルな絣の強みです。ここでは兵庫県産の手織りの植物染めの木綿「丹波布」の格子の帯をしめました。ひっそり静かに着たい渋めの組み合わせです。ジャワ更紗の帯でひねって着たり、ポップな水玉の帯をしたら、楽しげなカジュアル着になり、まったく別の表情が生まれます。

木綿の絣といえば、福岡県久留米市の久留米絣も有名です。藍染の白絣を全国的に広めた功労者のような存在ともいえますが、伝統的な手織りの技法で作られたものが国の重要無形文化財に指定されたこともあり、超高価な品も作られています。そんな品は見事なのは確かですが、手に入れやすい価格の魅力的な絣も見つかります。急がずに、ピンとくる出合いがあるまで、魅力的な木綿の絣を探すのもいいかもしれません。

藍染唐草の、時代を超えた新しさ。

藍染唐草の木綿は、子供時代の記憶の中では普段使いの座布団や敷布団として残っています。母は着ていませんでしたが、近くの日舞の稽古場となっていた家の女主人が、春から夏に向かう頃、いつも着ていた藍染唐草の木綿のきものにもなぜか惹かれ、大人になったら着たいと憧れていた気がします。

右の菊唐草の藍染木綿のきものは、知人から譲られたものです。子供の頃によく聞かされたのは、藍染は落ち着くのに時間がかかるから、何年か箪笥で寝かせてから着る。そうしないと下着に藍がついてしまうと。加えて藍染には防虫効果もあり、抗菌性もあるので、箪笥に入れておくこと自体が、大切なのだということでした。

というわけで、藍がすっかり落ち着き、いい具合に色がなじんだ上に、着込んで極上の肌ざわりになった知人のきものを譲り受けるのは、手軽によいものを手に入れるようで気が引けました。でも気に入った人に着てほしいという言葉に甘えて、いただきました。博多の献上帯で、ごく普通に着るのが私流ですが、ここではこっくりした色の縞の染め帯で、昭和の日常感覚を感じさせる雰囲気にしたつもりです。

木綿のきものなら典型的な日常着ですが、左はしっかりした紬地です。小津安二郎監督の映画衣装で知られる浦野理一の作品で、藍染の菊唐草の中心の濃い茶のさし色が効いていて、贅沢なお洒落着きものです。こういった唐草のきものには、独特の厚地の紬地で無地の帯が浦野スタイルの定番でした。ここではきれいな赤を合わせましたが、渋めのココア色、モスグリーン、辛子と、紬の無地帯ならどんな色も受け入れます。この典型的な唐草模様のきものがモダンで、時代を超えた新しさがある故でしょうか。

菊唐草の藍染木綿
縞の名古屋帯

浦野理一　菊唐草の藍染紬
浦野理一　無地の紬名古屋帯

季節のきものの合わせ

きものが敬遠される理由のひとつに、その伝統的な決まりごとがあります。長い年月をかけて、日本の季節に寄り添って生み出されてきたものだけに、大切に守られてきました。

一方で、世界の中でも貴重な衣裳であるきものが、日本人にも、その決まりごと故に敬遠されるのは残念です。ここに挙げたのは、季節によって着分けていくきものと、組み合わせる帯とその小物の、大まかな暦です。一般的な生活の中できものを楽しむための目安として参考にしてください。伝統を重んじる世界では許されないことも多いですが、着続けていくと、自分なりの掟や伝統返りが出てくるはずです。

	一月	二月	三月	四月	五月
きもの		袷《あわせ》	木綿《もめん》		
帯		袷《あわせ》用	博多帯《はかたおび》		
半衿		縮緬《ちりめん》	塩瀬《しおぜ》		
帯揚げ		袷《あわせ》用			
帯締め			冠組《ゆるぎ》など		

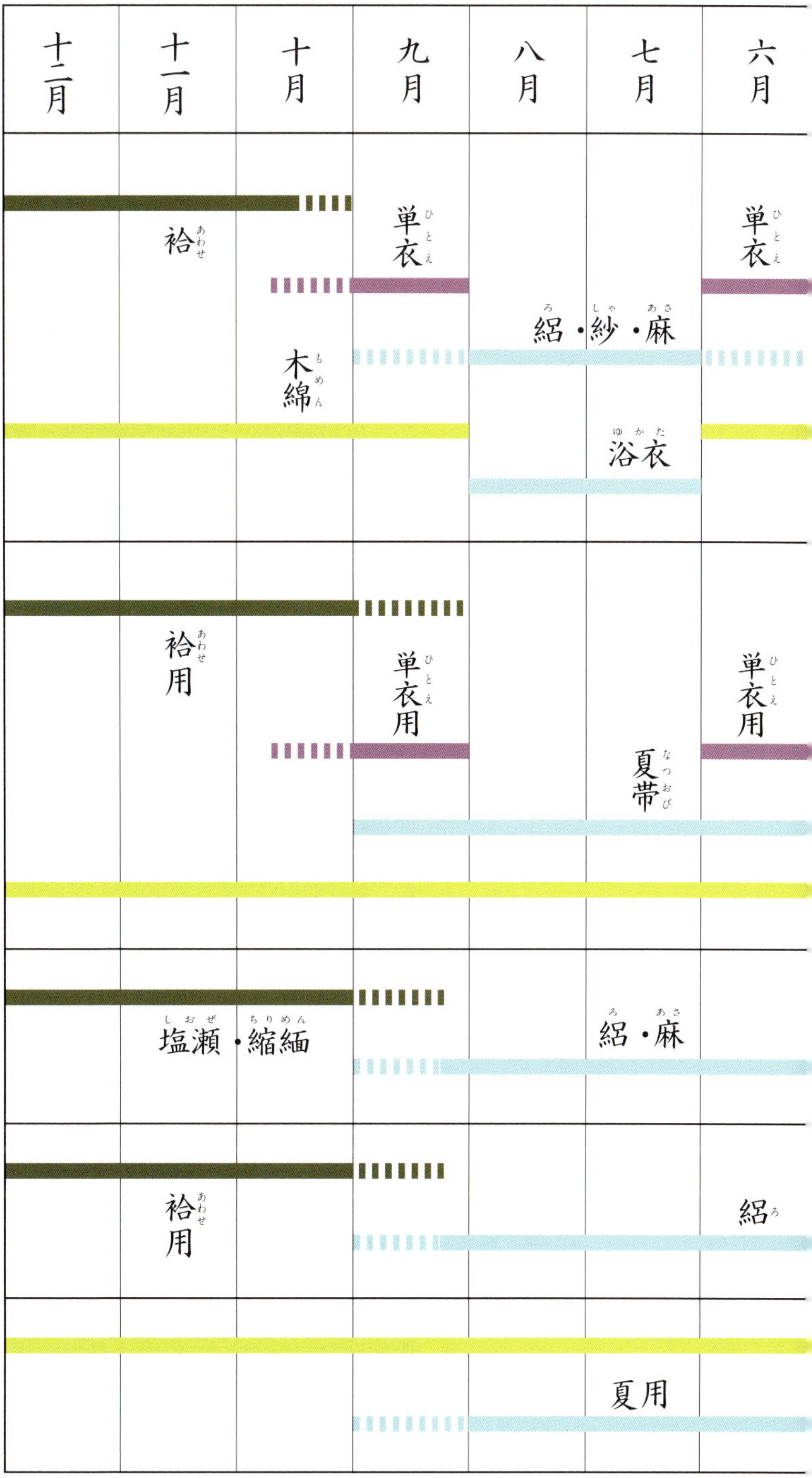

六月	七月	八月	九月	十月	十一月	十二月
きもの	単衣(ひとえ)	絽・紗・麻(ろ・しゃ・あさ) / 浴衣(ゆかた)		単衣(ひとえ) / 木綿(もめん)	袷(あわせ)		
帯	単衣用(ひとえよう) / 夏帯(なつおび)			単衣用(ひとえよう)	袷用(あわせよう)		
半衿	絽・麻(ろ・あさ)				塩瀬・縮緬(しおぜ・ちりめん)		
帯締め	絽(ろ) / 夏用(なつよう)				袷用(あわせよう)

［きもの］木綿は真夏以外の年間を通じて。少し早めに着る浴衣はよくても、暑さのピークを過ぎて街で着る姿は魅力を失う危険が。

［帯］七、八月にしめる紗献上も作られているが、博多帯は一年を通じてしめられる重宝するカジュアル帯であることも忘れずに。

［半衿］塩瀬の半衿はきっぱりとした純白が美しく、生成や刺繍入りなら縮緬も。木綿のときには、抜かない衿元に純白が好ましい。

［帯締め］冠組と呼ばれるすっきりした組のものは年間を通じて。帯の素材によってはレース編みやざっくり組の夏用がよいことも。

信州紬の付け下げ
ウズベキスタンの名古屋帯

あとがき

自分のきもの好きを人に押しつけ過ぎてはいけないと、常に自戒しています。でも、きものに関するページを作るなら、そのときできるだけのことを全力でやる。加えて私なりのきものに対する思いをつめこみたいという気持ちがいつもあります。きものは、世界でも稀有な現代の生活の中でも着られている民族衣装です。生産者の存続が危ぶまれる話は常にあり、まったく興味をもたない人がたくさんいるのも確かです。時代に合わせて変化していることも多々ありますが、私の頭にあるのは今ある美しくよいものはできるだけ残したいという思いです。

私自身が洋服の仕事もしているので、洋服の機能性とシンプルな美しさは、もちろん大好きです。そして、その対極にあるような、ひとつの型を着るからこその、きものならではの複雑な素材と色と文様の組み合わせも、大切にしたいのです。洋装の中でも目立ち過ぎないようにと、無地っぽくシンプルに着ようとは考えていません。自分の好きなように、きものはきものらしく着ればいいだけです。きものに限らず、人の着ているものを誰も気にしない時代ですから。というよりも、これだけ多様化した時代、今だからこそ、きものを着たいのかもしれません。

今回、この本をまとめていて、自分のきものに対する熱い思いにつくづく驚いています。ひとつは、雑誌のスタイリストという仕事を選んでしまったために、洋服のファッションページを作るにあたり、読者に提案する格好よい着こなしについて徹底的に考えていた反動があります。きものの仕事もしていますが、数としては比べものになりません。

そして、やはりと思いあたったのは、子供時代の日本舞踊の稽古の記憶です。なんとなく習いたくて軽い気持ちで始めたのですが、休みたいと思ったことはなかった気がします。銘仙の稽古着にしめた、黒に金と銀の市松の踊り帯がお気に入りでした。数人のお弟子さんたちがしめていた大人の昼夜帯に当たる、黒繻子と赤白の鹿の子絞りの布を合わせた半幅帯もいいなと眺めていました。

成人式を迎える頃にもう一度、お振袖のための黒地の帯がほしかったのですが、お店ですすめられたのは白地の帯ばかりでした。当時、銀座を中心に白い帯がブームだったこともあり、振袖用まで白ばかりという話もお店で聞きました。最後にやっとのことで黒地に蝶の帯に出合えました。

黒い帯に対するこだわりが続いていることに自分でもあきれていたのです

銘仙のお稽古着に市松の踊り帯

成人式の振袖に黒地に蝶の帯

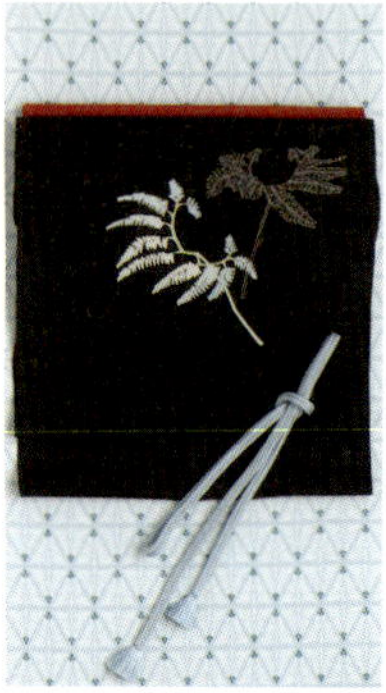

宝

が、仕事として組み合わせを考える経験をたくさん重ねた今では、さらに黒い帯の威力に脱帽しています。洋服的に考えるなら、身体の真ん中あたりを強い色で区切るのは格好悪く、バランスもくずすことになるのかもしれません。でも、きものなら黒い帯があることでひきしまり、身長に関係なく全体をまとめあげるのです（そんな私が、先日、生まれて初めて白地に金の幾何学柄の帯を求めました）。

このような一冊をまとめることができたのは、連載中にご協力いただいた、きもの屋さんをはじめとするたくさんの方のご協力のおかげです。また、二〇〇五年という十年以上も前のきものページも含めて再掲載を許可していただいたモデルさん、きもの屋さん、およびその関係者の方々にも感謝の気持ちは尽きません。

二〇一九年　十二月

原由美子

本書は「フィガロジャポン」２０１５年９月号から２０１８年12月号の連載、および２００５年12月20日号、２００７年12月５日号、２００８年６月５日号、２０１２年２月号、２０１７年２月号、２０１９年６月号を再編集したものです。

〈参考文献〉『最新きもの用語辞典』文化出版局
『きもの文様図鑑――明治・大正・昭和に見る』長崎 巌（監修）、弓岡勝美（編集）平凡社

地紋入り葵の小紋
名物裂の九寸名古屋帯

文様索引

撮影協力

＊掲載商品は参考商品です。

青山 ゑり華（03-6427-2720）P132（帯）、P136（きもの&帯）

灯屋2（03-3564-1191）P55・61・63左・83・139・143左・146（きもの&帯）、P143右（帯）

伊勢丹新宿店（大代表 03-3352-1111）P32・67・68・79・93・114（きもの&帯）

帯屋捨松（075-432-1216）P23・35（帯）

株式会社川島織物セルコン（03-5144-3840）P25（帯）

きもの創り玉屋（03-6226-0802）P18・30・44・50・51・69・72・75・77（きもの&帯）

きもの白《はく》（03-5579-9619）P37・59・103・122・123・126（きもの&帯）、P59上・二番目・下（長襦袢）

きもの 円居（03-5623-9030）P111（きもの&帯）

きもの和處 東三季（03-3498-5600）P137（きもの&帯）

京都一加 本店（075-213-3330）P95・99（きもの&帯）

銀座庵（iori）（03-6274-6371）P49・52・76・87・96・107・119（きもの&帯）

銀座いせよし（03-6228-5875）P46・47・66・82・125・134・135（きもの&帯）

銀座むら田（03-3571-2077）P101・110・115・127・133・141（きもの&帯）

銀座もとじ 和織・和染（03-3538-7878）P80・81・91・108・109・124・129・153（きもの&帯）

GINZA和貴（03-6263-8270）P19・102・113・117・131（きもの&帯）

呉服に志田（075-231-3684）P15・20・21（きもの&帯）

紫紘（075-415-1717）P29・67（帯）

志ま亀（03-3248-2771）P11・17・31・33・39・71・73（きもの&帯）

シルクラブ・中野山田屋（03-3389-4301）P53・57・104・105・121（きもの&帯）

SUZUKIアンティークモール銀座店（03-6228-7897）P59三番目・四番目（長襦袢）

竺仙（03-5202-0991）P27・40・54・65（きもの&帯）、P29・43（きもの）

千總（075-211-2531）P23・24・32・35（きもの）、P24（きもの&帯）

日本橋髙島屋S.C.本館7階　呉服サロン（代表 03-3211-4111）P100（きもの&帯）

日本橋三越本店（大代表 03-3241-3311）P25（きもの&帯）

LUNCO（03-3954-3755）P63右（きもの&帯）

＊帯揚げと帯締めは各撮影協力店、もしくは著者私物です。

原 由美子（はら・ゆみこ）

慶応義塾大学文学部仏文学科卒業後、１９７０年に『アンアン』創刊に参加。仏・ＥＬＬＥページの翻訳スタッフを経て１９７２年よりスタイリストの仕事を始める。以後『婦人公論』、『クロワッサン』、『エルジャポン』、『マリ・クレール日本版』、『フィガロジャポン』、『和樂』など数多くの雑誌のファッションページに携わる。着物のスタイリングでも雑誌や新聞などの執筆、ファッションディレクターとしても活躍。著書に『きもの着ます。』（文化出版局）、『原由美子の仕事１９７０→』（ブックマン社）、『フィガロブックス　原由美子のきもの暦』（ＣＣＣメディアハウス）などがある。

「フィガロジャポン」誌のきものページと
「原由美子のきもの上手」連載、
書籍の担当者に改めて感謝します。
松田麻衣子、上野留美、木原絵美、原田奈都子、
飯島摩美、森田聖美、塚田優子、久保寺潤子、
小林薫（書籍編集部）

モデル　宮沢りえ
東野翠れん
入山法子
ヘレネ
リー・モモカ
琉花

写真　ジョンチャン（きもの・帯・襦袢）
守本勝英（宮沢りえ）
横浪修（東野翠れん、入山法子、ヘレネ、琉花）
熊谷勇樹（リー・モモカ）

ヘア&メイク　黒田啓蔵 ThreePeace（宮沢りえ）
ＯＳＳＡＭＵ（東野翠れん）
石川ひろ子（入山法子）
池田慎二 Mod's hair（ヘレネ、リー・モモカ、琉花）

着付け　江木良彦（宮沢りえ）
本多恵子（東野翠れん、入山法子、ヘレネ、リー・モモカ、琉花）

きものセッティング　本多恵子

カバー　表　きもの（千總）、帯（帯屋捨松）
裏　きもの&帯（京都一加）

校閲　円水社

ブックデザイン　若山嘉代子 L'espace

madame FIGARO

原《はら》由《ゆ》美《み》子《こ》のきもの上手《じょうず》 染《そめ》と織《おり》

２０１９年12月21日　初版発行

著者　原由美子
発行者　小林圭太
発行所　株式会社ＣＣＣメディアハウス
〒１４１-８２０５
東京都品川区上大崎3丁目1番1号
電話　販売　０３-５４３６-５７２１
編集　０３-５４３６-５７３５
http://books.cccmh.co.jp

印刷・製本　大日本印刷株式会社

 ISBN978-4-484-19236-9